Christian August Clodius

Neue vermischte Schriften

Erster Teil

Christian August Clodius

Neue vermischte Schriften
Erster Teil

ISBN/EAN: 9783743622883

Hergestellt in Europa, USA, Kanada, Australien, Japan

Cover: Foto ©ninafisch / pixelio.de

Weitere Bücher finden Sie auf **www.hansebooks.com**

Phocion

Der neuen vermischten Schriften
von
Christian August Clodius
Erster Theil.—

Mit Königl. Preuß. und Churfürstl. Sächs. Freyheit.

Leipzig,
beym Verfasser, und in Kommission bey Adam Friedrich Böhme, 1780.

An

den Durchlauchtigsten

Churfürsten

zu Sachsen

Durchlauchtigster Churfürst,

Gnädigster Herr,

Ew. Churfürstl. Durchl. haben mir von dem Augenblick an, da Gott Ihren glorreichen Vater — Sein Andenken ist der Welt

Welt heilig. — zu höherer Bestimmung empor rief, die mildesten Merkmale **Ihrer** Gnade gegeben, und mein Herz mit Vertrauen und ewigem Dank erfüllt. Mit diesen Gesinnungen lege ich **Ew. Churfürstl. Durchl.** diese Schriften zu Füßen, deren ganze Absicht ist, nützlich zu seyn, und Empfindungen der Rechtschaffenheit und Menschenliebe, nach meiner geringen Kraft, zu erwecken.

Von

Von einem Fürsten beschützt zu werden, welcher das Urbild der Gottheit nachahmt, Gerechtigkeit und Milde vereint, Wißenschaft und Kunst als Kenner liebt, im Glück und Unglück groß, dankbar als Sohn, zärtlich als Gemahl, ein warmer Freund der Natur, und ein Freund Gottes ist — soll dieß nicht in das Herz eines Bürgers Liebe, und Muth zu den edelsten Unternehmungen ergießen?

„Wer

„Wer diesen Fürsten nicht liebt, der „muß kein Herz haben, und Gott „nicht lieben," sagte mir die vortrefliche Gemahlinn Ew. Churfürstl. Durchl. in dem für Deutschland so entscheidenden Zeitpunkte, da unser Vaterland bebte; aber den Muth nicht verlor, weil es sich auf Gott und die Weisheit seines Fürsten verließ.

Dieser edle Gedanke, der zugleich der Gedanke eines ganzen
treuen

treuen Volks gegen seinen Wohl-
thäter und Vater ist, erschöpft
alles, was ich sagen kann.

Die Vorsicht erhalte dem
glorreichen Hause Sachsen, und
unserm Vaterlande den weisesten
Fürsten, und Seine würdigste Gemahlinn.

Ich

Ich verharre mit tiefster Ehrfurcht

Ew. Churfürstl. Durchl.

Leipzig, am 18. April, 1782.

unterthänigster treugehorsamster

Christian August Clodius.

Rem tibi Socraticae poterunt
ostendere chartae.

Wahrheit bleibt unter aller Form Wahrheit, so wie der Reiz, der auf der Wange der aufblühenden Schönheit glüht, nicht minder gefällig durch die weichen Locken eines Silberkopfs glänzt, mit denen der West spielt.

Nie indeß erscheint die Wahrheit reizender für das Herz, als wenn man sie nicht in lästige Gewänder hüllt. Von Natur ist sie nackend, wie die Grazie; will man sie kleiden, so kleide man sie leicht, wie der griechische Künstler die Vestalin=
nen

nen des Herkulans, um den sanften Contur ihres Antlitzes, das Offne, Ruhige, Bescheidene ihrer Stirn, das göttliche Feuer ihres glänzenden und geistvollen Auges, die gefällige Schönheit ihres zarten Gliederbaues, nicht durch dicke Schleyer oder schleppende Gewänder zu verbergen.

Warum sollte sie unter dieser bescheidenen, auch oft, unter der heitern lachenden Miene des geflügelten Scherzes, nicht einen Trajan an die Donau, oder einen Eroberer von Numanz an den Tago begleiten?

Wird Lamoignon dadurch verlieren, weil Boileau sein Freund war; und Colbert weniger Staatsmann in den Augen

der

der Nachwelt seyn, weil er die erhabnen und lehrreichen Gedanken eines sokratischen Dichters über Volksliebe, Sitten, und Religion schön fand.?

Selbst das ernste System verträgt geistigen Reiz. — Der weise Traum einer idealen Republik, den Cicero dem Plato so schön nachträumte, und die tiefe Betrachtung über die Natur und Unsterblichkeit der Seele, wird durch die Grazie reizender Gemählde, feiner Scherze, und sanfter Empfindungen verschönert, die das Genie über die speculativen Wahrheiten ergießt. Fraguiere erkennt mit Recht den Wetteiferer des Homers, in den dichterischen und begeisterten Naturgemählden des göttlichen Plato.

Doch

Doch man braucht nicht allemal ganze Werke in der demonstrativen Form, um gemeinnützig zu werden, zu rühren, und zu gefallen.

Jede große, edle, lehrreiche Idee, auch aus der Kette des Systems herausgehoben, macht ein Ganzes aus, und hat oft einen stärkern Einfluß in das Herz und die Sitten, als die Theorie glaubt. —

Der Neid ist ein Mißvergnügen über Vollkommenheit und Wohlstand anderer Menschen, vermischt mit Eigennutz und Schadenfreude. — Auch da, wo der Neidische selbst den Genuß des Guten nicht erreichen kann, darüber er eifersüchtig ist, fühlt er die menschenfeindliche Begierde,

gierde, lieber den Gegenstand aus der Masse aller Vollkommenheit vertilgt, als in den Händen des Andern zu sehen.

Irr' ich nicht, so sind dieß die Hauptzüge der verabscheuenden Bewegung, die man Neid nennt, und die — wie alle Leidenschaften unter sich gränzen — mit dem Geize und Stolze verwandt ist. — Dieß ist also Moral-Philosophie? Shakespear, Ovid und Milton, sind sie in ihren dichterischen Einbildungen weniger Philosophen?

Wenn Miltons Satan die aufglühende Sonne in aller ihrer Majestät anstaunt, seinen verlornen Glanz zurück denkt, und einen neidischen Blick auf die Ruhe und Heiterkeit unsers kleinen Eylandes

des im Meer so vieler Welten wirft; wer fühlt da nicht ganz das Schreckliche und Abscheuliche des Neides, den Milton unmittelbar mit den gefallnen Geistern vermischt? — Und mit wie viel philosophischem Scharfsinn schildert Ovid diesen Charakter in einer lehrreichen Allegorie?

Er legt ihn in ein einsames Thal, das kein Zephyr anhaucht, und kein Stral der Sonne mitleidig erwärmt. Kälte, Schwermuth, ewige Finsterniß umgießt seine von Blut und giftigem Dunst umfloßene furchtbare Grotte.

Die Göttinn der Weisheit — wie lehrreich ist die Allegorie? (¹) — wagt es nicht,

---

(1) Ovid. L. II. v. 760.
Neque enim succedere tectis
Fas habet.

nicht, in diese öde Wohnung zu bringen, und öffnet die Pforte mit der äussersten Spitze ihres Speers.

Träge, unthätig, schrecklich liegt der Neid da, und nährt sich von Ottern und Schlangen, — seufzt laut, da er den Glanz ihrer Schönheit und Waffen erblickt — Todesblässe umschleicht seine vertrockneten Wangen — Sein Blick heftet sich nie gerade auf einen Gegenstand. Verzehrung ruht schwer auf seinem schwindenden Körper. — Seine Zunge ist von Gifte durchgossen — Kein Lachen erheitert seine Wange, als das Lachen der Schadenfreude. (1) Er genießt nie des süßen

---

(1) Risus abest, nisi quem visi mouere dolores.

süßen Schlummers, und verzehrt sich vor Gram über den Wehlstand der Menschen. — Der Auftrag, Aglauros unglücklich zu machen, erweckt ihm Entzücken; könnt er noch den Gedanken aus seiner schwarzen Einbildungskraft vertilgen, daß dieß Elend der Aglauros der Minerva Vergnügen machen wird, so würde er einmal sich glücklich denken. (¹) Wie tief dringt hier der Dichter in das menschliche Herz? — Liegt dieser feine Zug

Nec fruitur somno, vigilacibus excita curis;
Sed videt ingratos, intabescitque videndo,
Successus hominum.

(1) Murmura parua dedit; successurumque Mineruae
Induluit.

Zug, in irgend einer legalen Zergliederung des Neides, bestimmter, deutlicher und eindringender?

Jetzt ergreift er den mit Dornen umwundenen Stab. — Gehüllt in schwarze Wolken, zermalmt er, wo er einhergeht, muthwillig die blühenden Saaten, verbrennt die Pflanzen, und schlägt, um den Verlust fühlbarer zu machen, die obersten Gipfel der Blumen ab. (¹) Durch seinen giftigen Aushauch befleckt er Nationen, Städte und Familien. —

End-

(1) Quacunque ingreditur, florentia proterit arua,
Exuritque herbas, et summa cacumina carpit —
Afflatuque suo populos, urbesque, domosque
Polluit —

Endlich erblickt er das hohe Athen, das reich an Genie, Macht und Ueberfluß, in feyerlichem Frieden wohnt — und kaum kann er sich der Thränen enthalten, weil er keinen Gegenstand zu Thränen findet. (¹) Jetzt bringt er in das innere Zimmer der unglücklichen Tochter des Cecrops — rührt mit seiner schwarzen verruchten Hand an ihre Brust — haucht sein schreckliches Gift in ihr Herz. —

Hier

(1) Vixque tenet lacrumas; quia nil lacrumabile cernit.
Lukrez, Rousseau, Voltäre, und selbst Dante in seiner Comödie, haben, bey vieler Stärke des Gemähldes, nicht die philosophische Genauigkeit des Ovid.

Hier ist der Dichter ganz Philosoph, in Rücksicht auf den Charakter der Leidenschaft.

Der Neid vergrößert, in der Idee der Aglauros, das Glück der Herse — er schildert den Gott, der Herse liebt, bis an sein Ideal, das heißt: er, der Schönheit, Grazie, Vollkommenheit haßt, mahlt und zeichnet sie aus, um ein unschuldiges Herz zu entflammen, und zu vergiften. Geängstigt in tiefer Mitternacht, geängstigt am Tage, seufzt sie einsam, — und wie nahe ist, nach diesem weisen Philosophen, die Verzweiflung dem Neide. — Ihre Eifersucht geht so weit, daß sie lieber sterben, als Hersen glücklich sehen will.

Saepe mori voluit; ne quicquam talo
videret. —

O Shakespear, im Othello selber hast du die Kunst nicht höher getrieben —

Ist dieses Gemählde kein eignes Ganze? Ists nicht lehrreich? Ists nicht durch die Stärke der Mahlerey, des Rhythmus eindringender, als eben diese Wahrheit ohne Charakter, Handlung, und die Grazie der Kunst?

Es ist trockne Wahrheit — ob ich gleich das System des Lukrez im Ganzen für einen glänzenden Roman halte — daß ein gewisser Instinkt, und eine Liebe voll heftiger Leidenschaft, die Einbildungskraft oft täuscht, die merkbaren Nuancen vom Häßlichen zum Schönen verhüllt, Physiognomie, Farbe, Gestalt,

stalt, Bewegung, Sprache in ihrer Vorstellung veredelt, und Gegenstände reizend mahlt, die in dem Auge des kaltblütigen Kenners, Ideale der Häßlichkeit sind. (1)

Man leihe diesem Satze der Erfahrung den vom Horaz nachgeahmten Geist des Lukrez; dichte den süssen, schmelzenden, gräcissirenden Ausdruck eines römischen Petitmaitres hinzu; wird der Eindruck aufs Herz des Jünglings minder lebhaft bey dem satyrischen Bilde, als bey der

rich=

(1) Nam hoc faciunt homines plerumque
cupidine caeci:
Et tribuunt ea, quae non his commoda vere.
Multimodis igitur pravas turpeisque
videmus
Esse in deliciis —

richtigsten Beschreibung dieser Illusion seyn? —

Ist sie schwarz, wie die Nacht; so nennt sie der bezauberte Liebhaber seine kleine Brunette. Ist sie schmutzig; nennt er sie sorgloß im Putze. Schmachtet ihr bläuliches Auge kraftlos; so umarmt er sie als seine kleine Pallas. Ist sie zwergartig, klein; in seinen Augen ist sie der Grazien eine — ganz Salz. Fällt ihre Gestalt ins Ungeheure; so leiht seine Einbildung ihr etwas frappantes, furchtbares, mit Majestät. — Sie stammelt, sie kann nicht reden — bitt um Verzeihn — sie lispelt und stößt ein wenig an — Sie ist stumm, — er nennt sie bescheiden, zurückhaltend. Ist sie kaustique, und bis
zur

zur Ausschweifung schwatzhaft; so hat sie in seinen Augen brillianten Witz. (¹) Kann sie vor Magerkeit kaum stehn und leben; so umspannt er entzückt ihre kleine liebenswürdige Taille. Ist sie halbtodt vor Husten; so liebt er ihre

---

(1) Nigra, μελιχροος est. Immunda et
    Foetida, ακοσμος.

Caesia, παλλαδιον. Neruosa, et Lignea,
    δορκας.

Paruola, Pumilio, χαριτων ια, tota merum sal:

Magna, atque Immanis, καταπληξις, plenaque honoris.

Balba, loqui non quit, τραυλιζει. Muta, pudens est:

At Flagrans, Odiosa, Loquacula, λαμπαδιον fit.

Ἰσχνον ἐρωμενιον tum fit, quom viuere non quit

Prae macie: ῥαδινη vero est, jam Mortua tussi.

svelte Figur und die Feinheit des Körpers. — Ist sie rüstig, von starker Brust; so wird er ihr Bacchus, sie seine Ceres. Ist ihre Nase eingedrückt, so findet er darinn etwas sokratisches, silenartiges, satyrisches. Sind ihre Lippen aufgeworfen, so nennt er sie, nach seiner süssen Sprache, einen weichen, zum Kuß einladenden (¹) Mund.

Noch ein Beyspiel —

Das

---

(1) Alessandro Marchetti, den der Cardinal Durini für einen geistreichen Uebersetzer des Lukrez erklärte, hat auch diese Stelle schön übersetzt. — Nur einige Züge davon für die Kenner dieser Litteratur —

Olivastra è la Nera; inculta ad arte
La Sciatta e sporca; Pallade somiglia
Chi gli occhj à tinti di color celeste;
Forte

Das ganze majestätische Gebäude der Weltweisheit und Religion ruht auf der hohen Idee von der Unsterblichkeit der Seele. Der Beweis des Plato, so ein helles Licht sein Genie über diese Materie ergoß, ist für jedes Alter nicht faßlich. Die starke Kraft der Religion selber erfordert reife Kenntnisse, Scharfsinn und Uebung im Denken.

Man

Forte e gagliarda è la Nervosa e dura:
Piccioletta la Nana e delle Grazie
O sorella o compagna e tutta sale. —

Mit aller der Leichtigkeit und Schönheit dieser Uebersetzung verliert das Original, weil die Parodie des griechischen Toilettenstils wegfällt, den Lukrez mit Vorsatz wählte. Aus diesem Grunde brauche ich hier das Wort frappant, die Taille, u. s. w.

Man nehme den Fall an, ein feuriges keimendes Genie hört durch Zufall, daß einer der witzigsten Köpfe von Italien, Lukrez, daß La Metrie, mit der lachenden Miene, in der ihn Schmidt der Nachwelt überliefert, diese Unsterblichkeit geläugnet habe. — Man laß ihn durch Uebereilung eines Spötters die Stelle schön, und seinem wollüstigen Charakter schmeichelhaft finden, in der der Dichter behauptet, die Seele, der Geist, dem der Entwurf unsers Lebens, und die Ordnung aller moralischen Handlung vertraut ist, sey ein Theil des Menschen, wie diese Hand, die ich eben brauche, um Wahnwitz zu widerlegen. (¹) Was
soll

(1) — — Animum dico,
In

soll ich thun, um einen Eindruck in einem jungen Herzen zu vertilgen, der mit lächerlichem Ton hineingedruckt ist? — Man überlasse die Demonstration dem reifern Alter, erwecke einen Verdacht des muthwilligen Leichtsinns, und stelle, eine erhabne Wahrheit zu retten, das Lächerliche dem Lächerlichen entgegen. — Hier ist ein Versuch, den ich in ähnlichem Fall, und mit Glück gemacht habe. —

Pantil.

Die Seel ist Staub, und stirbt, und wird nicht mehr erweckt,

Als

In quo concilium vitae regimenque
locatum est,
Esse hominis partem nihil minus, ac
manus et pes —

Als diese Hand, die ich hier ausgestreckt.
Ihr Urtheil, ihr Gedank, ihr geistiges Vergnügen,
Zerfließt in Theilchen, die den leeren Raum durchfliegen —
Kein Gott, der Zufall rief sie aus der Nacht hervor,
Wie dieß System der Welt. —
— Pantil, du bist ein Thor,
Wo nicht ein Bösewicht — Mit allen stolzen Gaben
Verdientest du durch deine Theorie,
Gleich deinem Urbild la Metrie,
So eine staubigte Seele zu haben.

Ist denn nun die Dichtkunst bloß zum Spiel des Witzes erfunden, indeß sie die Grundsätze anschauend macht, die das Glück der Menschen befördern?

Und

Und — ohne alle Partheylichkeit — denn ich liebe den systematischen Vortrag — Der alte General von Gellert — durch die einzige Stelle —

„Nur Gott ist Herr von meiner Seele;"

und durch die vortrefliche muthvolle Wendung,

„So hätt ich Lust ein Bösewicht zu seyn, —
„Und meiner würden in dein Heere
„Gewiß noch viele Tausend seyn"

hat mehr Einfluß in die Herzen vieler leichtsinnigen gehabt, als die spitzfindige Analyse eines Spinosa über die Urkraft der Geisterwelt, und die scheinbare Analogie der Natur, und Gott.

Diese

Diese und ähnliche Ideen, in einem leichten natürlichen Stil, mit Naivität und unschuldiger Satire, hat oft einen glücklichen Einfluß in den Stolz oder die Halsstarrigkeit eines jungen aufbrausenden Herzens.

Sai — sagt Tasso zur göttlichen Muse, zur Wahrheit,

che là corre il monde, ove piu versi,

Di sue dolcezze il lusinghier Parnaso,
E ch'il vero condito in molli versi
I piu Schivi allettando ha persvaso.

„Du weißt, Göttinn, daß die schmeicheln=
„de Grazie des Parnassus die Welt
„durch ihre sanften Lockungen reizt, daß
„das Wahre, in weiche schmeichelnde Ver=
„se gehüllt, oft die eigensinnigsten und
„hals=

„halsstarrigsten Charakter gewinnt "—
Auch die edelsten Herzen, in die die
Natur das schöne Feuer einer wißbegierigen Seele goß; auf deren blühenden Wangen, Unschuld, Demuth, mit Grazie der
Jugend wohnt, und aus deren glänzenden
Auge die sanfteste Empfindung für Menschenliebe strahlt — wie aus deinem Auge
einst — ach es ist zu früh für die Menschheit
verloschen — noch im Tode geliebter
und vortreflicher Erbprinz von Gotha! —
auch Sie werden bisweilen, besonders
in den zarten Jahren der Kindheit, von
kleinen Zerstreuungen unbemerkt zurückgebracht, und zum edlen Feuer der Thätigkeit aufs neue entflammt. —

Dieser durch Geist, Fleiß, Religion, und
eine männliche Standhaftigkeit im Tode

unsterbliche Prinz, las im sechsten Jahre seines Alters eine meiner moralischen Erzählungen, die aus der Absicht geschrieben war, ihn durch eine Lieblingsidee und unschuldige Leidenschaft zu den Wissenschaften zu reizen; und sein würdiger Mentor versicherte mich, daß sie die glücklichste Wirkung auf den Fleiß des liebenswürdigen Prinzen hatte. Hier ist sie —

Der kleine Admiral.

Ein junger Prinz, ein ganz vortreflich
Kind;
Allein wie oft die besten Prinzen sind,
Ein wenig lebhaft, und geschwind
Von einem Gegenstand zum andern,
Mit seiner kleinen Phantasie,
Die sehr geflügelt war, gar schnell herum
zu wandern;

Be-

Besaß ein kleines Schiff, und das ver-
    ließ er nie.
Sein Mentor, treu im Unterrichten,
Lockt' ihn durch lehrende Geschichten,
Und rief ihn zu den ernsten Pflichten
Des Christenthums und der Moral.
Der Prinz versprach auf jedesmal
Aufmerksamkeit und Fleiß --- allein, lebt
    wohl ihr Pflichten,
Kanonen und Matrosen ohne Zahl
Umrauschten ihn, und er blieb Admiral.
„Mein kleiner Elphingston, warum um-
    seegeln Sie
„Sprach einst ein Philosoph, mit ihrer
    Phantasie
„Auf trocknem Lande hier die Küsten
„Der weiten Welt?" Das Raubnest
    Tripoli,

Den Erbfeind aller Christen,
Den Dey und sein Serail auf ewig zu
verwüsten.
„Vortreflich, Prinz, allein wo liegt denn
Tripoli?"
Dieß weis ich nicht genau. „Und wol-
lens doch verwüsten?
„Noch eins, mein Prinz — was sind
denn Christen?"
Die Christen — ja dieß sind die Chri-
sten, wie bekannt.
„Sehr unbestimmt, mein Prinz. — Wie
findet man ein Land
„Durch den Compaß?" — Das ist mir
nicht bekannt.
„Mein Prinz, noch eins, Sie wissen,
„Daß wir auch Barbarn lieben müs-
sen."

Nein

Nein — und mein Gott, wer kann das alles wissen? —

„Prinz, eh wir seegeln, hören Sie:
„Dieß lehrt uns die Astronomie,
„Mathematik, Geographie,
„Die wir mit Ernst studiren müssen;
„Denn ohne sie, und Christenthum, Moral,
„Und Völkerrecht zu wissen,
„Bleibt man im Alter noch ein kleiner Admiral."

Daß noch in den Trümmern der Alten vortrefliche Bruchstücke liegen, die, nach kluger Auswahl, zu der Vervollkomnung des großen Gebäudes der Moral angewendet

wendet werden können; läugnet kein denkender Geist unter den Neuern. —

Als ich, vor nummehr zwölf Jahren, meine Versuche der Litteratur und Moral herausgab, und meine Aufmerksamkeit vorzüglich auf das hohe Ideal der Alten richtete, schrieb mein verehrungswürdiger Freund, Salomon Geßner: — „Sie unternehmen das nützlichste und nö„thigste Werk. Was kann man jetzt „bessers thun, als ein Werk, wie das „Ihrige ist, der Nation zu geben. — „Die Hochachtung für die Griechen und „Römer bey einer Nation zu unterhal„ten, sollte das erste Augenmerk der „Kunstrichter seyn. Wenn junge Genien „in den schönen Wissenschaften, wie in
„den

„den schönen Künsten, nur mit den be-
„sten Mustern bekannt gemacht, und ih-
„re Schönheiten ihnen entwickelt werden;
„so gehen sie den geradesten und einfäl-
„tigsten Weg. Dadurch wird der auf-
„blühende Genie begeistert, mit Kühn-
„heit Schritte zu wagen, bey denen er
„oft einen Originalcharakter behauptet,
„da er hingegen durch immer wiederhol-
„te, immer subtilisirte Regeln, betäubt
„und furchtsam gemacht wird; so daß
„ers mit Zittern wagt, in diesen Fesseln
„zu gehen, und einem Original hinten
„nachzuschleichen."

In dem Munde eines Autors, der durch erhabene Einfalt, Grazie, und Mahlerey der idealischen Natur, die Aufmerksamkeit der Ausländer auf deutsche

Kunst schärfte, konnte mich dieß Urtheil nicht anders, als ermuntern, meine Pilgrimschaft an den Pyräus und die Tiber fortzusetzen, ohne indeß die lachenden Ufer der Seine und Themse zu vergessen. —

Die Beurtheilung meiner Werke überhaupt überlasse ich dem denkenden und unpartheyischen Publikum ganz. Geist und Kraft läßt sich durch Lob und Tadel nicht einimpfen, auch nicht vertilgen. — Frey sind Leser von Geist und Talenten — und Männer lassen sich durch Vorurtheile oder listige Wendungen nicht blenden. —

Inhalt

Inhalt

des ersten Theils.

Der sterbende Phocion. S. 1
Ueber die Ungleichheit heroischer und anderer Charaktere. Charakter des Phocion. Vergleichung des Cornelius mit dem Plutarch. 4
Bernini. 68
Rembrand und Klopstock. 71
Die metaphysische Schnecke. 80
Egoismus 83

Der Besenbinder.	S. 90
Alver.	93
Die Sonne und die Sterne.	96
Der schöne Faun.	97
Addison in Tivoli.	99.
Der Strom und sein Urquell.	101
Nouantiqua. Nach dem Martial.	103
Der Affe und der Fuchs.	106
Desbillon und Christ.	111
An den Mond.	116
An Chloe.	117
Der Schlittschuhlaufer und der Schiffer.	121
Charakter der Deutschen.	125
Die reiche Heyrath.	133
Katasterismus.	142
Galiläus.	148

Homer

Homer und Ariost. 150

Micyll. Ein Dialog über die Metempsychose des Pythagoras, und das übertriebene Wunderbare im Homer, nach der Idee des Lucian. 156.

Astulph. 160

Ariost und Horaz. 164

Horaz. 170

Der Morgen in Wildenfels. 176

Der Lord und der Einsiedler. 181

An . . . 185

Der Papagey, und die Nachtigall. 189

Unold und Trambo, oder der gestrafte Hochverrath. 193

Der Monarch und der Prinz. 195

Die ertrunkne Frau. 197

Milton. 201

Milton. 203

Luson,

Eufon, oder die falsche Politik.	S. 207
Lufon.	212
Virgil und Merkur.	223
Der junge Philosoph.	225
Die drey Söhne.	229
Der gefallene Sejan.	233
Marcell vor Syrakus.	237

Sammlung

dialogischer Erzählungen, Fabeln, lyrischer Gedichte, und Briefe, nebst freyen Uebersetzungen der klaßischen Schriftsteller, und Betrachtungen über interessante Gegenstände der Weltweisheit und Litteratur.

Erster Theil.

Der sterbende Phocion.

Der Feldherr, der mit Muth für
 Ruhm und Vaterland
In manchem Kampf sein edles Leben
 wagte,
Bey keinem Sturm des Staats und Krie-
 geswetter zagte,
Und wo er Feinde traf, sie schlug und
 überwand,

A   Den

Den Alexander groß, die Welt vortreflich fand;

Trug, seiner Republik zur Schande,

Gleich einem Sokrates, die unverdienten Bande.

Tyrannen hatten ihn, durch Eifersucht entflammt,

Zum Todestrunk verdammt.

Wer soll den Patrioten retten?

Schon löst des Liktors Hand die fürchterlichen Ketten,

Und reicht, das Volk in Wuth befahl, —

Mitleidig ihm den schrecklichen Pokal.

Held, Opfer deines Staats, der Götter Liebling, höre,

Rief Nikostrat mit einer stillen Zähre,

Hast du noch ein Gebot an deinen tapfern Sohn?

Freund,

Freund, rief der Grieche Phocion:
Gebeut ihm, diesen Gift und meines
Volks Verbrechen,
Bey Gott, bey meinem Fluch, nie an
Athen zu rächen.
Er sprachs, und trank, und starb.
Wo war der Held, der größern Ruhm
erwarb,
Und männlicher, als dieser Weise,
starb?

―――――

Ueber die Ungleichheit heroischer und anderer Charaktere. Charakter des Phocion. Vergleichung des Cornelius mit dem Plutarch.

Es giebt gewisse zusammenschmelzende Charaktere, wie Tacitus den Petron (1), Aristophanes (2), Plato und Nepos den Alcibiades, und Vellejus den Mäcen schildert

(1) Siehe die Annalen, B. 16. C. 18. — Proconsul Bithyniae, et mox consul, vigentem se ac parem negotiis ostendit: dein reuolutus ad vitia, seu vitiorum imitationem. —

(2) Siehe die Vögel des Aristophanes; den Platonischen Dialogen, Alcibiades; Plutarch in der Parallele des Alcibiades mit dem Coriolan.

dert (3); in denen bald Thätigkeit, standhafter Muth, Entschlossenheit in der Gefahr, Enthusiasmus für Pflicht und Vaterland hervorglänzt; bald unwirksame Trägheit, Ungleichheit in der Entschließung, Kälte gegen ihre hohe Pflicht, und Muthlosigkeit herrscht. Der Bithynische Proconsul Petron ist ein ganz andrer Petron, als der Vertraute des wollüstigen Nero. (elegantiae arbiter). Die wunderbare Verwandlung des Tiresias und Salmacis ist

---

(3) Im 88. C. des zweyten Buchs. Vir, vbi res vigiliam exigeret, sane exsomnis, prouidens atque agendi sciens; simul vero aliquid ex negotio remitti posset, otio ac mollitiis pene vltra feminam fluens. Siehe Sueton im August c. 86. — mit der Erklärung des Casaubonus.

ist eine auf Erfahrung und Wahrheitgegründete Allegorie. —

Heroische Tugend, ohne richtig ausgebildete Grundsätze, glänzende Handlungen aus entflammter Ehrbegierde, augenblickliche Anstrengungen und Ueberspannung der Nerven des Geistes, ohne anhaltende Kraft, veranlaßt Ermattung, wo man Dauer und Stärke erwartet.

Die Kräfte der Seele wachsen nicht nothwendig, wie die Schwere der Körper im geometrischen Verhältnisse der Bewegung und des Falls nach ihrem Mittelpunkt. Die letztern handeln, oder besser, leiden nach einer ewigen Regel der wirkenden Natur, die Descartes, Keppler und Newton berechnen, und von der die Sicherheit ihres Systems abhängt.

hängt. Die erstern können sich verringern oder erweitern, nach der ihnen zugestandenen Willkühr der Freyheit. —

Kein Kontrast der Gesinnungen und Handlungen ist so auffallend, der sich nicht durch Beyspiele der lebenden oder todten Welt erläutern ließe.

Alcibiades glänzt in Athen durch weiche Empfindsamkeit; Talente des sokratischen Witzes und Geistes; Gemälde, Marmor und Bildsäulen; phrygischen Reichthum, und alles, was das feinste Gefühl der Schönheit, der Wollust und des Reitzes, bey einer reichen Einbildungskraft, träumen, schaffen, in tausend neue Ideen vervielfältigen, und durch Wahl und Scharfsinn auf die hohe Einfalt der Natur zurück führen kann. — Er übertrifft

trifft alle Athenienser durch Pracht, Anstand und Würde. — Eben dieser Alcibiades, auf seiner Flucht nach Böotien, stürzt sich ganz in Leibesübungen und Fertigkeiten hinein, die er in Athen bloß zur feinern Bildung des Körpers brauchte. — Er wetteifert mit der Stärke und Kraft, wie vorher mit der List und den schlauen Wendungen der Athenienſiſchen Paläſtra. — In Lacedämon verleugnet er alle Stroks of Art, Lykurg ſelber hätte ihn für ſeinen Zögling erkannt, und hartnäckiger Eifer, männlicher Ernſt, Sparſamkeit, Enthaltſamkeit gewinnen ihm das Herz der Lacedämonier. — Er läßt Ariſtophanes ſpotten, und erreicht einen Theil ſeines Endzwecks durch ſchlaue Politik, mit der er ſich in die Nation einwebt. — Er gewinnt die Thracier
durch

durch den schnell verschlürften Schaum der goldnen Becher, und die Perser durch Heiterkeit des Geistes, und einen wollüstigen Gaum, wenn er von der ermüdenden Jagd ausruht. — Bone Deus, würde Plautus sagen, quot ille homo habet animos? Diese übereinstimmende Mannigfaltigkeit scheint indeß mehr erworbne Fähigkeit, Kraft und Politik zu seyn, als Temperament. — Aber die Geschichte liefert uns andre noch sichtbarere Beyspiele.

Mehr als ein Mäcen entwarf, vor Aufgang des Morgenroths, mit einem zweyten Agrippa den Plan zu der Eroberung des Weltkreises, vereinigte schiffbare (1) Seen durch Canäle

(1) Siehe die mahlerische Beschreibung des Meisterstücks der militärischen Architek-

näle mit dem gewaltigen Meere, furchtbare Flotten vor dem Sturm zu schützen; und entschlummerte nach Untergang der Sonne, trunken von Falernwein und dem Geräusch einer apollinarischen Tafel

chitektonik im zweyten Buch des Virgils vom Ackerbau v. 160. vergl. Sueton im 16. Cap. des Augusts. Lipsius hat die scheinbaren Widersprüche bey der Schriftsteller vereinigt und aufgelöst. Die Idee, den Luerner- und Avernersee durch geführte Canäle mit dem tyrrhenischen Meere zu vereinigen, und eine Art von Hafen für die Flotten zu bilden, darinn sie bey jeder Jahrszeit sicher manoevriren konnten, ist des Genies des Agrippa sehr würdig, und verdient mit dem großem Plan des rußischen und nordischen Canals verglichen zu werden.

fel, (1) in dem wollüstigen Arm einer griechischen Buhlerin, unter den weichen Harmo-

(1) Wars Erdichtung des Antonius, gegründete oder fliegende Sage? Kurz man breitete in Rom den Ruf aus, daß Cäsar August, in der Maske des Apoll, umringt von Göttinnen und Göttern, ein geheimes Banquet gefeyert. — So gewohnt schon Rom war, seine Imperatoren von Künstlern und Dichtern apotheosirt zu sehn, so konnte es hier doch an Epigramms nicht fehlen, besonders da die Anekdote von diesem wollüstigen Götterbanquet in eine Zeit fiel, da Rom Mangel an Getraide hatte. Witzige Köpfe behaupteten, die unsterblichen Götter hätten die Nahrungsmittel verzehrt, und sagten: — Cäsar ist unstreitig der wahre Apoll, aber Apollo Tortor; eine Anspielung, die nicht ohne Bitterkeit war. — Siehe Suet. im August. C. 70. und d. Anm. des Casaubonus u. Torr.

Harmonien einer unkriegrischen Laute; beherrscht von einem schönlockigten Bathyll, oder einer römischen Lais.

Heute schnell, wie ein Wettläuffer in Elis; morgen langsam, tiefschweigend, wie die erste Vestalin neben dem Consul, oder die königliche Juno; bald von zehn, bald von zweyhundert Sklaven begleitet, geht noch mancher Tigellius und Priskus trotzig einher.

Einmal prangt an seinen biegsamen Händen eine ganze Dactyliothek (¹).

Jupi-

(1) Siehe Martial. B. XI. Ep. 60.
Senos Charinus omnibus digitis gerit,
    Nec nocte ponit annulos,
Nec cum lauatur: caussa quae sit,
        quaeritis?
Dactylothecam non habet.

d. i. Sechs Gemmen trägt Charin an jedem Finger; selbst in der Mitternacht legt er die Ringe nicht ab, sogar

Jupiter Stator glänzt neben dem reißenden Kopfe der Anadyomene, und das schöne Casquet der Minerva von Apollodot, neben einem begeisterten Bacchanten vom Pergamus. Gelehrte Damen staunen über die an seinem Zeigefinger glänzenden falschen Locken der Julia des Titus, — (¹) und vergleichen sie gründ-

gar im Bade nicht. — Du fragst: warum? — Charin hat keine Dactyliothek.

(1) Dieser Aufsatz aus falschen Locken entspricht, wie Stosch anmerkt, dem, was Petron Corymbion nennt, und worüber Juvenal nach seiner gewöhnlichen Laune spottet.

Tot premit ordinibus, tot adhuc
  compagibus altum
     Aedi-

gründlich mit dem Aufsatz moderner schöpfrischer Künstler. Einmal wirft er im Amphitheater die purpurfarbne lästige Toga zurück, und zieht mit vornehmer Empfindsamkeit einen ungeheuren Brillanten vom Finger, der sich nicht schämen durfte, auf dem Diadem eines persischen Königs zu spielen, um einen leichtern der Saison angemeßnern Sardonyx zu fodern (¹). Er spricht von nichts als

Mon=
Aedificat caput, Andromachen a
fronte videbis,
Post minor est.
Iuuenal. Satir. 6, v. 503. Siehe Stosch G. A. C. Tab. XXXIII. Ein Berill von Evodus.
(1) Ventilat aestiuum digitis sudantibus,
aurum,
Nec sufferre potest maioris pondera
gemmae.
Juvenal Satir. 1.

Monarchen, Tetrarchen und Helden. — Gleich darauf wünscht er sich einen drey-füßigen Tisch, einen gesellschaftlichen Sopha, und ein reines silbernes Salz-faß. — Gieb ihm, diesem sparsamen Männchen, den Morgen drauf Millionen Sestertien, die er schon mehrmal ver-schwendet, — von Eisenhard oder Bur-mann berechnet, machen sie immer eine wichtige Summe aus — in fünf Ta-gen ist nichts in dem Beutel, quinque diebus — nil erit in loculis (1). Vertumnus selber und Proteus hat nicht mehr Talent fremde Gestalten willkühr-lich anzunehmen, als freye Menschen, und oft denkende Köpfe, aus natürlichem Leicht-sinn oder Verwöhnung, selbst ohne es zu wissen,

(1) Siehe Horaz in der 3ten Satire des 1sten B. v. 16.

wissen, gewinnen. Der Kammerdiener des Horaz war ein trefflicher Philosoph, da er unter der Freyheit der Saturnalien seinem Poeten die Moral las. — (1)

Lollius wird vom Flaccus als ein uneigennütziger, edel benkender, unpartheyischer Richter und Consul geschildert (2), und

(1) S. d. 7. Satire des 2. Buchs.
Romae rus optas, absentem rusticus vrbem
Tollis ad astra leuis.
Ein Meisterstück eines treflichen Dialogen, hätte der Dichter seiner Laune nicht, gleich Catull, schlüpfrige Bilder, auf Kosten der Unschuld erlaubt.

(2) Est animus tibi,
Rerumque prudens, et secundis
Temporibus dubiisque rectus;
Vindex auarae fraudis, et abstinens
Ducentis ad se cuncta pecuniae,
Consulque non vnius anni. —

und der Nachwelt als ein Ideal der Wahrheit, Gerechtigkeit und Menschenliebe aufgestellt. Der Dichter will es in seiner feurigen edlen Eifersucht nicht leiden, daß solche heroische Züge verloren gehen; und eben dieser Lollius, wie Torrentius aus dem Sueton zeigt, (¹) kommt zu einer andern Zeit durch die Geschichte in den Verdacht der Parteylichkeit und des Hochverraths.

Wenn man den Freund des Catull, Cornelius, allein liest, ohne ihn mit dem scharfsinnigen Biographen Plutarch zusammen zustellen; so sollte man Phocion den Guten; denn so nannte ihn Athen, troß

(1) S. seine Anmerkung über die neunte Ode des vierten Buchs, ein Meisterstück der erhabnen lyrischen Gattung.

B

troz seiner ernsthaften und beynahe rauhen und stürmischen Sitten, um seiner allgemein bewunderten Rechtschaffenheit willen; eines auffallenden Widerspruchs in seinen Handlungen, nicht ohne einige Wahrscheinlichkeit beschuldigen können.— Doch einen ernsthaften Blick auf den wahren Charakter eines edlen Mannes. Ideale der Schönheit, bilden werdende Künstler — Ideale der Rechtschaffenheit, gute Menschen. —

Ohne den Physiognom zu spielen, ein Wort von seiner Bildung und Sitten, nach Plutarch und Pyrgoteles.

Plutarch wundert sich, daß (¹) ein Mann

(1) Plutarch nach der Reiskischen Ausgabe pag. 311. im 10. Cap. Ein Sycophant,

Mann von so rauhem Ernst den Namen des Guten erhielt. Ich wundre mich nach Plutarch, daß er ihn bey einer Nation gewann, die mehr geschmeichelt, als gewarnt, mehr durch Hoffnungen getäuscht, als durch wahre Vortheile gesättigt werden konnte. Er setzt indeß hin-

zu

cophant, Aristogiton, der bloß in Volksversammlungen kriegerisch war, und Athen zur Ergreifung der Waffen entflammt hatte, erschien an dem Tage der Werbung mit einem verbundenen Fuße, hinkend an einem Stabe; Phocion, da er ihn erblickte, rief zu dem Schreiber: Schreib auch den Aristogiton auf, den lahmen, furchtsamen und boshaften. Bey dieser Gelegenheit macht Plutarch die Anmerkung — —
καὶ θαυμάζειν, ὅπως καὶ ὁποῖον τραχὺς οὕτως ἀνὴρ καὶ σκυθρωπὸς ἐκτήσατο τὴν τοῦ χρηστοῦ προσηγορίαν.

zu, und dies erklärt diese Möglichkeit, Phocion habe keinem Feinde unter den Atheniensern jemals vorsetzlich geschadet, auch keinen, der es vielleicht war, dafür erklärt. Im Glück und Unglück gleich standhaft, war er gegen jeden Bürger gerecht und gut; gegen die Feinde des Staats rauh, bis zur Hartnäckigkeit standhaft, und unerbittlich. —

Und wer wollte da nicht seyn, was Phocion war?

Es ist unglaublich, wie die charakteristische Beschreibung des Plutarch mit dem Sardonyx des Pyrgoteles übereinkommt, den uns Stosch, nach der vergrößerten Zeichnung des Piccart, in seinen gemmis antiquis caelatis et litteratis aus einem authentischen Abdruck liefert.

Den

Den Stein selbst, der vor Stosch von Bellorius und Maffei bemerkt worden, hatte ein reicher Britte aus der Sammlung des Castilioni erkauft (¹). Trotz der Glätte des Hauptes und der Runzeln, die ein ehrwürdiges Alter über seine Stirn und Wangen verbreitet, verräth das ganze redende Profil die Majestät seines Geistes und Alters, mit männlicher Kraft und Entschlossenheit. Hier ist kein Zug von Muthlosigkeit oder Tücke, obgleich schwerer Ernst, und mit einer Art von Unzufriedenheit vermischte Betrachtung hervorblickt.

Diese ernsthafte Bildung gab bisweilen witzigen Köpfen Gelegenheit zu Spöt-

---

(1) Nach Lippert, ist das Original in der Sammlung des Mylord Bedfort.

tereyen. — Chares (¹) warf dem Phocion seine furchtbaren Augenbraunen vor, die Athenienser lachten laut über den Einfall. — Phocion antwortete mit dem edlen Selbstgefühl eines Patrioten: „Athenienser, diese furchtbaren Augen„braunen haben euch nie geschadet; aber „das Hohnlachen dieser schönen Witzlin„ge und Spötter hat der Republik viele „Thränen gekostet."

Es verdient, glaube ich, bemerkt zu werden, daß Pyrgoteles, dem, nebst Apelles und Lysipp (nicht Polyklet, wie Apulejus nach seltnem Anachronismus glaubt

---

(1) Siehe Plutarch nach der Reiskischen Ausgabe, Cap. 5. pag. 302. τυτον γελως πολλα κλευσαι την πολιν πε‐ πυηκεν.

glaubt) (¹), allein erlaubt war, den Alexander zu bilden, wahrscheinlich auf Veranlaſſung des Königs, oder aus eigner Ehrfurcht, der Nachwelt die Züge dieſes edlen Mannes aufbehalten.

Das ganze Leben des Phocion war Thätigkeit, Muth und Handlung, geleitet von Weisheit und Staatskunſt. Was Cicero in der Rede für den Manilius fordert, um das Ideal eines großen Feldherrn zu bilden: Kriegskunſt, Tapfer-

―――――――――
(1) Siehe das 1. Buch der Floridor. p. 10. nach der Baßler Ausgabe von Seb. H. Petri, verglichen mit Plinius im 5. Cap. des 34. Buchs nach der Ausgabe des Harduin, pag. 648. in dem chronologiſchen Verzeichniſſe der griechiſchen Künſtler.

pferkeit, Ansehn, Glück, Uneigennützigkeit, Enthaltsamkeit und Treue, Menschenliebe und Genie — strömten in dieser großen Seele zusammen, wie in der Seele des Cato, Turenne und Moritz.

Von seinem Genie zeigt die ernsthafte, zusammengedrängte und pathetische Kürze seiner Beredsamkeit, die selbst Demosthenes fürchtete (1); obgleich dieser große Staatsredner, der vom Ambos seines Vaters und der glühenden Zange zur Beredsamkeit übergieng (2), Erhabenheit

(1) Plutarch. c. 5. p. 303.

(2) Iuuenal. Sat. 10. v. 131.
A carbone et forcipibus, gladiosque parante
Incude, et luteo Vulcano, ad rhetora.

heit, Feuer, Nachdruck und Bestimmung vereinigte.

Und wie viel Züge von jenem geistreichen Witze und einer Evtrapelie, der sich selbst Volumnius (¹), Cäsar, Tullius und Heinrich, der Vierte nicht schämen dürften. — Seine Einfälle, die wie verborgne Funken in seiner elektrischen Seele lagen, wurden durch die kleinste Rührung geweckt, und es ist rühmlich für Phocions männlichen Witz, und seine schnelle Erfindungskraft, daß er selbst selten ausfiel, aber kräftig zurück wies. Ridiculum acri fortius secat. — Phocion, sagt ihm einst Demosthenes,

der

---

(1) Siehe den 32. Brief des 7. Buchs ad Fam. der klaßisch in der Kritik des feinern Scherzes ist.

der die Demokratie wider die Oligarchie vertheidigte: „Die Athenienser werden dich tödten, wenn sie in Wuth kommen." — Und dich, antwortete Phocion, werden sie tödten, wenn sie zu ihrem gesunden Verstande zurückkommen (¹). So ist es; Geist gegen Geist zu brauchen; augenblickliche Aehnlichkeiten schnell zu bemerken, oder eine ganze Reihe von Ideen, die ein mäßiger Kopf uns frostig zuzählt, mit einer geflügelten Geisteskraft zu überspringen; jede einzelne unter dem schwebenden Fluge zu berühren, wie Atalanta und Zephyr die Saaten, um die Hauptidee des Gegners zu zer=

(1) Δημοσθενυς μεν ειπουτος, αποκτενυσι σε Ἀθηναιοι, Φωκιων, αν μαινειν, ειπε, σε δ', αν σωφρονωσι. S. Plutarch. E. 9. p. 310.

zermalmen; ohne Bosheit, aber mit Witz vorbereitete und ängstliche Spitzfindigkeiten aufzulösen, und den hochtrabenden Spötter durch einen Zug des feinern Lächerlichen zu entwafnen; dieß ist der Charakter der griechischen Urbanität. So scherzten Socrates und Phocion, nicht, um zu spotten, sondern zu beßern.

„Wagst du es, Phocion, den Athenienſern zum Frieden zu rathen, da sie schon die Waffen in der Hand haben?“ sagte einer der sophistischen Köpfe, die, unter der Miene die Freyheit zu gewinnen, den Pöbel entflammten, um stillschweigend zu herrschen. — “ Ich wag es, antwortete Phocion, ob ich gleich weiß, daß, haben wir Krieg, ich Dir; haben wir Frieden, Du mir gebie=

bietheſt —(²). Wie viel Hoheit bey einer ſcheinbaren Herablaſſung, wie viel Patriotismus und Aufopferung, bey dem edelſten Stolze!

„Phocion, nimm zwanzig Schiffe, ſagt Chabrias, die verſprochnen Tribute der eroberten Inſel einzutreiben." — Phocion hatte Theil an der Eroberung; fühlte aber, was Chabrias fühlen ſollte, die Ueberlegenheit der Ueberwundnen. Was antwortet er? Was viele, die den Plutarch leſen, glaubten geantwortet zu haben: „Sendeſt Du mich gegen Feinde, ſo ſind zwanzig Schiffe zu wenig; ſendeſt Du mich gegen Bundesgenoſſen, ſo brauche ich eins ( )".

Wer

(1) S. Plutarch T. 15. p. 319.
(2) S. Plutarch C. 7. p. 305.

Wer wollte dieses treffende Dilemma im Fall des Phocion nicht gemacht haben?

Da hier von keiner Chronologie der scharfsinnigen Einfälle des Phocion die Rede ist; warum sollte ich folgenden Zug wider Phocion und seine geistreiche Antwort verschweigen? — "Wenn wirst Du uns, Phocion, zum Kriege rathen? sagt Hyperides, nicht ohne vorher überdachte Satire. — Dann, antwortet Phocion, ohne Vorbereitung, mit Nachdruck: wann die militärische Jugend in Athen wird lernen ihren Posten behaupten; wann die Reichen im Volk drauf denken werden, den Krieg durch ihre Vorschüsse zu unterstützen, und die sophistischen Staatsredner aufhören wollen,

(durch

durch die schlauen Wendungen ihrer Beredsamkeit,) die Casse der Republik zu bestehlen (¹).

Dahin gehört die äsopische Erzählung, durch die dieser Weise die Athenienser beschämte, da sie ihn mit einer unbilligen Forderung drängten (²). Eine geistreiche Wendung, die zugleich ein Beweis ist, daß die Helden und Staatsmänner der erleuchtetsten Nationen, besonders im Oriente, sich der Allegorie und Fabel in den

---

(1) Siehe Plutarch im 23. C. p. 234.
— τας δε ρητορας επιχοθαι τα κλεπτειν τα δημοσια.

(2) Siehe Plutarch Cap. 9. pag. 308. So verglich Phocion in einem andern politischen Zwist den Leosthenes mit einer hohen Cypresse ohne Frucht. Siehe Plutarch C. 23. p. 334.

den wichtigsten Geschäfften bedienten. Diese Form, der sich Plato und Phocion nicht schämt, kann kein wahrer philosophischer Kopf verächtlich finden. — Dahin der bittre und beynahe aristophanische Zug, den er wider das Volk wagte, da man ihm in einer Staatsrede allgemeinen Beyfall gäb (1). Dahin der herrliche und kräftige Gedanke:

„Athenienser, ihr wollet den Göttern
„Dank opfern, daß Philippus von Ma-
„cedonien todt ist? Opfert nicht; es zeigt
„Niedrigkeit und Furcht an, sich über
„den Tod eines Feindes zu freuen; und
„im Grunde hat die Armee, die uns im
„Chersonnes schlug, nichts, als einen
„Mann verloren." (2)

Wie

(1) S. Plutarch. Cap. 8. p. 308.
(2) Plutarch. C. 16. p. 321.

Wie viel Wahrheit und Politik, die die Erfahrung durch Alexander und Antipater bestätigte!

Hier kann ich unmöglich die große und erhabne Antwort an die Gesandten des Alexanders übergehn, bey der man immer mehr über den Adel der Gesinnung, als über die hohe Einfalt des Ausdrucks staunt, obgleich beyde Bewunderung verdienen. Ewald, ein Deutscher, mag reden, der nach Ramlers Urtheil verdient neben Opiz zu stehen:

Phocion.
Warum schickt denn dein Herr Geschenke
mir allein?
Sollt ich nur in Athen derselben würdig
seyn?

Der

Der Gesandte.

Man kennt den Phocion als einen wackern Mann.

Phocion.

Nimm das Geschenk zurück, damit ers bleiben kann.

Hätt' es die Einheit des Epigramms erlaubt, den großmüthigen Zug des Phocion hinein zu weben, der errathen läßt, daß dieser weise Mann, bey der Zurückgebung der hundert Talente, eben so besorgt für den Ruhm des Königs, als seinen eignen war, so wäre der Geist dieser Unterhaltung erschöpft, die wohl eine der ehrwürdigsten Scenen der Welt ist (1); und in der Stoff zu mehr als

(1) S. Plutarch. C. 18. p. 323.

als einer epigrammatischen Erzählung liegt.

Doch sein wirksames Genie zeigte sich vorzüglich in Unterhandlungen und Gesandtschaften, in den großen und weisen Entwürfen zu der Wiederherstellung des Friedens, in dem Gleichgewicht, das er im Staat zu erhalten suchte, in dem feinen politischen Gefühl, und in dem Scharfsinn, mit dem er Absichten, Gesinnungen und Sitten prüfte; in der Klugheit, mit der er den Ausgang verschiedener Revolutionen des innern Staats und der Feldzüge voraus bestimmte, obgleich, wie in dem Feldzuge des Leosthenes (1), einige glänzende Unternehmen und Siege, die

Auf=

(1) S. Plutarch C. 23. p. 334.

Aufgeblasenheit und Sicherheit seiner Gegner vermehrten.

Wenn ich mir den Alexander mitten in seinem feurigen Traum von Monarchie, Despotismus und Welteroberung denke, und an seiner Seite den tapfern, friedliebenden, edelgesinnten Phocion, der durch Einfalt, Wahrheit, geistreichen Witz und Klugheit, die aufbrausenden Leidenschaften des siegreichen Monarchen mildert, und ihm durch Weisheit und Muth seine ganze Ehrfurcht abzwingt; so denke ich mir einen der glänzendsten Auftritte der Staatsklugheit, und eine sanfte Gewalt über das menschliche Herz, die die schlaueste Politik selten erreicht.

Wer, als Phocion, konnte dem Helden die Erklärung abgewinnen: „Athenienser, seyd aufmerksam auf alles, was vorgeht; denn nach meinem Tode gehört Athen die Herrschaft über die Griechen." (¹)

Hat jemals die brausende Beredsamkeit des Demosthenes eine so glorreiche Eroberung gemacht?

Es ist rühmlich, ein zauderndes oder schon schwärmendes Volk mit einer patrioti-

(1) και πολλα και προς την 'Αλεξανδρυ φυσιν και βυλησιν ευςοχως ειπων, ὅτω μετεβαλε και κατεπρχυνεν αὐτον, ὡς' ειπειν, ὁπως προσεξυσι τον νυν 'Αθηναιοι τοις πραγμασιν, ὡς, ει τι γενοιτο περι αὐτον, ἐκεινοις ἀρχειν προσηκεν. S. Plutarch C. 17. p. 323.

triotischen Begeisterung zu entflammen; ists minder rühmlich, durch Ansehn und ruhige Größe das Herz eines mächtigen Feindes, das Vertrauen der Alliirten, der Armee und des Volks zu erwerben?

Plutarch, dessen prüfenden Scharfsinn nichts entgeht, entdeckt mit vieler Wahrscheinlichkeit die reiche Quelle so vieler zusammenströmenden Vollkommenheiten, indem er uns aufmerksam auf den Plan macht, nach dem Phocion seinen von Natur großen Geist und edlen Charakter ausbildete.

Phocion sah die meisten Staatsmänner entweder wie Demosthen, Lykurg und Hyperides beschäftigt, das Volk durch

durch starke Deklamation für ihre Dekrete einzunehmen; oder, wie Leosthenes und Chares, sich durch Talente und Ehrenstellen des Kriegs emporzuschwingen. Er suchte beyde Vollkommenheiten zu vereinigen, wie seine Originale, Perikles, Aristides und Solon (¹), und folgte der Schutzgöttinn Athens, wenn sie den Helm mit dem Sphynx und die Lanze trug, und wenn sie den Vorsitz im Areopag hatte.

Als Feldherr im eigentlichsten Verstande, ohne Diodors, Cornels und Plutarchs pragmatische Annalen auszuziehn; — Denn meine Absicht ist bloß, einige

---

(1) S. Plutarch C. 7. p. 306.
— την θεον ἐθηκε πολεμικην τε ἁμα και πολιτικην οὐσαν, και προσαγορευομενην.

einige Hauptzüge ihrer graphischen Zeichnungen zusammenzudrängen, um die Aufmerksamkeit junger Leser zu wecken; — Wie viel der Unsterblichkeit würdige Züge!

Ordnung und Strenge mit Herablassung und Güte, Wachsamkeit und Vorsicht, ohne Mistrauen, Genauigkeit im Kleinen, ohne taktische Aengstlichkeit, Stärke des Geistes mit Thätigkeit des Körpers, Genie in der Erfindung, Beurtheilung in der Ueberschauung des Plans, Klugheit bey der Wahl der Zeit, des Orts, der Personen und der Lage, Festigkeit in der Entschließung und männliche Kraft in der Ausführung, augenblickliche Entschlossenheit und Gegenwart des Geistes bey Gefahren, in die uns Eifersucht, Verschlagenheit, Verrätherey, oder der Sturm des Zufalls hinreißt, Beharrlichkeit bey dem System des Ganzen ohne hartnäckigen Stolz — Muth, den falschen Ruhm einer tollkühnen Unternehmung dem Interesse der Republik aufzuopfern, Uneigennützigkeit ohne stolze Gleichgültigkeit gegen öffentliche Bedürfnisse, Milde ohne Weichlichkeit, unbiegsamer Muth, gegründet auf edles Selbstvertrauen, gegen den Ueberwinder, Großmuth gegen den Ueberwundnen (¹), Kenntniß der Nation und des Feindes, und jenes große Talent, das Flechier an Turenne be-

---

(1) Parcere subiectis et debellare superbos,

ein Charakter, der nach dem Polyb den Römern eigen war.

bewundert, Millionen Ideen freygeborner Menschen, Millionen Nuancen ihrer Gesinnungen, Leidenschaften, Handlungen und Absichten auf einen Gesichtspunkt zu richten, zu einer allgemeinen Absicht in einem Augenblick zu vereinigen; verbunden mit dem ganzen Umfange der theoretischen Kriegskenntnisse; dieß ist, wenn Cäsar, Polyb und Tacitus nicht trügen, der Charakter eines Feldherrn. — Und alle die Züge findet man im Phocion vereinigt.

So zeigte er sich in seinem ersten Feldzuge unter Chabrias, dessen zaudernde Tapferkeit der junge Held entflammte, und dessen oft stürmischen und geflügelten Muth er zurückhielt; besonders in der für Athen so entscheidenden Seeschlacht bey Naxos. Er eröffnete seine glorreiche Kriegesbahn mit einem Siege, und theilte den Ruhm des Feldherrn, unter dem er zuerst kämpfte (¹).

So in dem kritischen Augenblick, da er die Absicht des Philippus, nach Euböa einzubringen, und die verrätherische list des Tyrannen Plutarch vereitelte; Trotz der Uebermacht seines Feindes, der Erschütterung seiner kleinen Armee, und der Treulosigkeit vieler Ueberläufer, ein hitziges Treffen wagte, den Sieg erfocht, den Tyrannen aus Eretria vertrieb, Zaretra besetzte, und aus weiser Politik die Griechen nicht gefangen nehmen ließ, die er nehmen konnte (²).

Phocion

(1) S. Pluturch C. 6. p. 304.
(2) S. Plutarch C. 12. p. 314. und C. 13. 314. und 315.

Phocion zeigt dem macedonischen König, daß man eben nicht goldne Widder, oder regale numisina philippos nöthig habe, um die Thore fester Städte zu zermalmen. (1) Byzanz nimmt den Helden mit seinem Heere freywillig als seinen Erretter auf. Phlippus fühlt zum erstenmal, daß er überwindlich ist, flüchtet aus dem Hellespont, sieht seine Flotte vieler Schiffe beraubt, die Küsten seiner Völker verwüstet — und Athen erkennt durch den siegreichen Phocion die Stärke seiner innern Kraft.

Ich übergehe den kleinern Sieg über Mi-

---

(1) — — diffidit vrbium
 Portas vir Macedo, et subruit aemulos
 Reges muneribus.

Micion, den Plutarch mit so vielen geistreichen Anekdoten geschmückt hat. Wer schließt nicht schon mit Wahrscheinlichkeit auf die Tapferkeit eines Mannes zurück, den Athen freywillig fünf und vierzig mal in der gefährlichsten Lage des Staats zum Feldherrn ernannte (¹)? Und kann man ein heroischer, rührender Schauspiel denken, als ein ganzes, freyes Volk, nach einer gegen den Philippus verlornen Schlacht, auf den Knien vor Phocion, das ihn mit Thränen und Ungestüm zum Feldherrn auffordert (²)?

Der rührende und erhabne Einfall der zweyten Gemahlin des Phocion, der eben

so

(1) S. Plutarch C. 8. p. 307.
(2) S. Plutarch C. 16. p. 320.

so viel Tugend als edlen Stolz verräth, ist indeß glorreicher für den Helden, als eine ganze Lobschrift. Eine eitle Jonische Dame zeigte ihr mit vielem Stolze den prächtigsten Schmuck aus Perlen, Diamanten und goldnen Ketten, vermuthlich um sie ihren Reichthum fühlen zu lassen. „Mein einziger Schmuck, sagte die Gemahlin des Phocion, ist Phocion, der seit zwanzig Jahren immer zum Feldherrn der Athenienser erwählt worden" (¹). Dieser Familienzug, aus dem man zugleich die häuslichen Freuden und bescheidnen Tugenden dieses großen Mannes erkennen kann, der ein eben so liebenswürdiger Gemahl und Vater, als vortreflicher Feldherr war, führt mich auf die

Einfalt

---

(1) S. Plutarch C. 19. p. 326.

Einfalt und Würde seines Privatlebens.

Ich verlasse den Areopag, die alabasternen Propyläen des Perikles, den Jonischen Säulengang der Minerva, die königliche Pracht des Pyräcus, die noch in seinen Ruinen le Roi und Wheeler erkannten, und schleiche mich durch das glorreiche Schlachtfeld von Marathon, und den unbemerkten Flecken Melita — in ein kleines von Kupferplatten glänzendes Haus (1), an welches, hundert Olympiaden nach dem Tode des Weisen, griechische Männer und Jünglinge wallfahrteten; und empfanden, was Tullius fühlte, da er nach dem Tode des Crassus auf die Stelle der Curie trat, wo Crassus

ge-

(1) S. Plutarch T. 18. p. 325.

gestanden hatte, als er zuletzt den Senat angeredet. (¹)

Hier find ich den achtzigjährigen Greis, der sein silbergraues Haupt auf den Arm stützt, bey mitternächtlicher Lampe über Platons Unsterblichkeit nachdenkt, Tollkühnheit und Freyheit in die prüfende Waagschale legt, und unter rühmlichen Entwürfen für die Sicherheit seines Staats ermüdet entschlummert. — Oder ich seh ihn beym Aufgang des Morgenroths beschäftigt, seinen von panathenäischen Siegen trunknen Sohn von der stolzen Ueppigkeit des wollüstigen Athens auf den edlen Ernst spartanischer Jünglinge zurückbringen (²). — Oder ich seh

(1) S. Cicero de oratore, l. III, c. 2.
(2) S. Plutarch C. 20. p. 327.

seh ihn beym Abendbroth an einer kleinen Tafel, umglänzt von reiner Einfalt, in den Armen seiner unschuldigen Gemahlin, so heiter und ruhig, als gäb er noch einmal dem Alexander und Harpalus (¹) TonnenGoldes zurück, — um arm und groß zu bleiben.

Wer vergißt nicht über den rührenden Anblick die Palläste von Scio, und alle die Inseln, in denen er wohnen konnte, und die er dem König für die Befreyung dreyer Attischer Bürger zurückgab? (²)

Achtzig Jahr, dieß gesteht Cornelius dem Phocion zu, war dieser ehrwürdige Mann

(1) S. Plutarch C. 21. p. 331.
(2) S. Plutarch C. 18. p. 324. —

Mann, trotz der ernsten Freymüthigkeit, mit der er oft allein dem Areopag und Volke widersprach), der Gegenstand allgemeiner Bewunderung.

Er gewann den Namen des Guten, nicht durch einen schmeichelnden Einfall des wankenden Pöbels, sondern, wie Scipio Nasika in Rom, (¹) durch ein feyerlich Dekret des Staats; (χρηστος εκληθη κοινη ψηφω εν εκκλησια) ein Umstand, den Suidas genauer bestimmt, als Plutarch und Nepos.

Und eine durch so viel Kenntniß und Weisheit zu den edelsten Gesinnungen erhabne

(1) S. Livius im 29. B. C. 12. — 14. vergl. mit Ovid Fast. 4, 225, in der Geschichte der Pessinuntischen Cybele.

D

habne Seele, sollte auf einmal von dem Gipfel der höchsten Tugend einen salto mortale bis zu der niedrigsten Stufe der Undankbarkeit und des Hochverraths gewagt haben?

Es gehört für den genauern Geschichtschreiber, die merkwürdige Epoche nach dem Tode des Alexanders, die abwechselnden Vormundschaften des unthätigen Philippus Aridäus, und alle die merkwürdigen Katastrophen zu bestimmen, durch die der große Plan einer allgemeinen Monarchie vereitelt, und der Stolz der Athenienser erhoben wurde, um sichtbarer zu fallen.

Nur ein Wort von dem, was den wahren Ruhm des Phocion betrift, und

den

den Verdacht ablehnen kann, den das Zeugniß des sonst vortreflichen und unpartheyischen Nepos erwecken könnte (¹).

Wider den Rath des Phocion, der den Plan des Ganzen übersah, rüstet sich Athen gegen Antipater. Demosthenes, schon damals

―――――――――――――
(1) Cornelius im Phocion, C. 2. Andreas Schottus (s. die Ausgabe des van Stavern bey Luchtmann 1734. p. 505.) vergleicht, um seine historische Gelehrsamkeit anzubringen, den Phocion mit Popilius Länas, dem von Antonius bestochnen undankbaren Mörder des Cicero, und citirt sehr weißlich den Appian, Plutarch und Valer. Max. Mit eben dem Rechte könnte ihn ein neuer Commentator mit Clemens, Ravaillac und Damiens vergleichen.

mals aus seiner Republik, ohne Schuld des Phocion, verbannt, reizt den Unwillen des Feindes, der unter Philippus und Alexander geglimmt hatte, durch freywillig übernommene Gesandschaft, und durch die feinsten Wendungen, durch die er die mächtigsten Staaten wider ihn aufzubringen suchte.

Nach vielen Abwechselungen des Kriegsglücks gewinnt Antipater die Uebermacht, und bringt mit einem unwiderstehlichen Heere vor Athen. Phocion, und andere werden von der Republik gesendet, mit ihm in Unterhandlungen zu treten (1). Antipater fordert mit Ungestüm die Auslieferung des Demosthenes,

(1) S. Plutarch C. 27. p. 340.

mosthenes, der schon vorher, aus Mistrauen gegen das Volk und seine eigne Kraft, den Staat freywillig verlassen. (¹)

Wen soll der Patriot Phocion aufopfern? Einen Mann, der sich mit allen Talenten einer mächtigen und heroischen Beredsamkeit, durch seine übertriebene Hitze und schwankende Politik, so weit verwickelt hatte, daß er nicht mehr gerettet werden konnte; oder einen Staat, dessen Ruin allein durch die Auslieferung des Demosthenes verhütet werden mußte?

Das heißt den Demosthenes nicht verrathen, wenn man, in Collision der

---

(1) S. Plutarch C. 26. p. 338.

Pflichten gegen das Vaterland, Privatverhältnisse nachsetzt. Und war die Freundschaft des Phocion gegen den Demosthenes, wie Lambin richtig anmerkt, nicht mehr eine Freundschaft der Politik als des Herzens? Gab nicht Phocion mehr als einmal mit edler Offenherzigkeit seinen Unwillen über die zügellosen Auftritte zu erkennen, die dieser Staatsredner veranlaßte?

Und gesetzt, Demosthenes hätte den Phocion in den gefährlichsten Vorfällen vertheidigt (¹); heißt das Undankbarkeit, wenn man das Interesse des Staats vor-

(1) S. Cornelius im Phocion Cap. 2.
— ab eodem in iudiciis, quum capitis caussam diceret defensus, aliquoties liberatus discesserat. Hunc non solum

vorzieht? Sollte der Mann, der so empfindlich gegen das Gute war, daß er die Freundschaft des Chabrias (¹) mit dem wärmsten Eifer bis auf seine Enkel belohnte, sich bis zu einem Laster erniedrigen, das das System aller Tugenden übern Haufen wirft? —

Und wie läßt sich mit einiger moralischen Wahrscheinlichkeit eine geheime Verschwörung zum Hochverrath, zwischen Phocion dem Weisen, Enthaltsamen, und gegen die Bestechung zweener Monarchen standhaften Vertheidiger des Vaterlands, und zwischen Demades, dem wollüstigen, feilen und niederträchtigen Schmeichler der Majestät

solum in periculis non defendit, sed etiam prodidit.
(1) S. Plutarch Cap. 7. p. 305.

jestät tenken, der die Knechtschaft so weit trieb, den Menschen Alexander, in öffentlichen Decreten, zur dreyzehnten Gottheit zu erheben? (¹)

Aber wie sollen wir Phocions scheinbare Kälte gegen die Sicherheit des Vaterlandes, und seine Bürgschaft für die schlauen Unternehmungen des Nikanors erklären? (²) Sollen wir ihm Entkräftung des Geistes und einen Marasmus von Politik und Gesinnung andichten? (³)

Ent-

---

(1) S. Aelian. Var. hist. l. 5, 12.
(2) S. Cornelius im Phocion, C. 2.
(3) Das dilator, spe longus und iners — des Horaz, kann unmöglich auf einen Mann passen, der bis an seinen Tod Gegenwart des Geistes und Entschlossenheit beybehielt.

Entweder Plutarch und Nepos hat die letzten Anekdoten seines Lebens aus einer idealischen Welt geschöpft, um aus dem ersten der Griechen einen Romanhelden zu schaffen; oder Phocion kann durch den Scharfsinn, die patriotische Begeisterung seiner letzten Unterhaltungen seine Ankläger beschämen, wie Sophokles durch die Vorlesung eines Trauerspiels sich vertheidigte, als schale und eigennützige Köpfe behaupteten: — der Verfasser des Oedip und Ajax habe sich selber überlebt. — Mit wenig Worten das Wesentlichste, worinn Plutarch und Cornelius übereinkommen, obgleich der letzte in einigen Umständen zu hart urtheilt, und weniger in die Begebenheiten eindringt, als Diodor und Plutarch.

Antipater stirbt, und überläßt vor seinem Tode, mit Ausschließung seines Sohns Cassander, die Verwaltung des Staats und die Aufsicht des jungen Königs dem Polysperchon (¹). Cassander, eifersüchtig auf diesen Vorzug, unterdrückt die Nachricht von dem Tode des Antipater, und sendet den Nikanor nach Munychia, den Menyllus abzulösen. Der Tod Antipaters wird bekannt, Phocion kommt in den Verdacht eines geheimen Verständnisses mit Cassander und Nikanor. Sein großes unschuldiges Herz lehnt diesen Verdacht stillschweigend von sich ab; er läßt sich mit Nikanor in Unterhandlungen ein, gewinnt seine Freund-

(1) Siehe Plutarch C. 31. p. 348.

Freundschaft, oder glaubt wenigstens, sie gewonnen zu haben, und macht ihn, nachgebend und gütig gegen die Republik. (¹.)

Polysperchon, den Plan des Cassanders zu zernichten, und Phocion, den letzten Vertheidiger der Oligarchie zu stürzen, gesteht den Atheniensern, nicht ohne schlaue Politik, die Rechte und Freyheiten der Demokratie zu. —

Athen geräth in Bewegung. Nikanor fordert mit Vertrauen auf das Wort des Phocion eine mündliche Unterhandlung mit dem Senat, der sich am Pyräeus versammelt. —

Dercyllus

---

(1) S. Plutarch Cap. 31. p. 349.
πραον αὐτον, και κεχαρισμενον παρειχε
'Αθηναιοις.

Dercyllus stellt dem Nikanor nach. Nikanor flüchtet und dräut, sich an Athen zu rächen. — Phocion wird zur Verantwortung gezogen, daß er den Nikanor entkommen lassen.

Phocion — und dieß ist eigentlich der Zeitpunkt, wo Plutarch selber gesteht, daß dieser weise Mann fehlte, und mit dem Nepos übereinkommt; - versichert die Republik, aus zu großem Vertrauen auf die Gesinnungen des Nikanor, oder, um die Empfindung genauer zu bestimmen, aus übertriebner Zuversicht auf seine eigne Rechtschaffenheit und Größe, daß sie nichts von dem Nikanor zu fürchten habe. (¹)

Er

(1) S. Plutarch C. 32. p. 350. Plutarch tadelt hier mit Recht die Erklärung

Er leistet darüber eine Art von Bürgschaft; läßt sich durch die gründlichsten Nachrichten von den verdächtigen Absichten des Nikanors auf den pyräeischen Hafen nicht bewegen, und zaudert sogar, nach dem Vortrag des Philomedes ans Volk, die Waffen zu ergreifen, bis Nikanor aus Munychia herausrückt, und den Pyräeus förmlich belagert.

Nun wollte Phocion, dieß gilt wider den Cornelius, die Waffen wirklich ergreifen;

rung des Phocion: „Ich will lieber „hintergangen werden, als hinterge„hen." In der Sache eines Privatmannes wäre dieser Grundsatz edel gewesen; in dem Munde eines Mannes, der an der Spitze des Staats steht, war er übereilt. Phocion konnte seine eigenen Rechte aufgeben, aber nicht die Rechte des Allgemeinen.

greifen; aber zu spät. Denn die Truppen versagten ihm den Gehorsam. —

Polysperchon sendet den Alexander, seinen Sohn, mit gewaffneter Hand, unter dem Vorwand, Athen wider den Cassander zu decken, im Grunde aber, aus der Absicht, die durch innern Aufruhr empörte Stadt zu überraschen. — Verbannte, Fremde, und der auflaufende Pöbel mischen sich in die Volksversammlung, und nehmen dem Phocion die oberste Gewalt ab.

Agnonides klagt den Phocion des Hochverraths an, Perikles verläßt die Stadt; Phocion, voll Vertrauen auf seine gerechte Sache, begiebt sich in den Schutz des Polysperchon, seines offenbaren Feindes,

be=

begleitet von Solon aus Platäa, und Dinarchus aus Corinth, zweenen vorgegebnen Freunden des Polysperchon. Phocion trifft zu gleicher Zeit mit den Gesandten des attischen Volks, die auf seine Auslieferung bringen sollten, beym Polysperchon ein. — Dinarchus wird getödtet, Phocion übertäubt, von den meisten seiner Freunde verlassen, gefangen, zur Verantwortung, oder besser, zum Tode ausgeliefert, und nach Athen geführt. (¹) —

Die Archonten versammlen das Volk, der niedrigste Pöbel und die verworfensten Knechte nehmen Theil an der öffentlichen Berathschlagung. — Der Brief des Königs

(1) S. Plutarch. C. 33. p. 351. —

Königs wird vorgelesen, und Phocion, als ein Verräther des Staats, dem Urtheil der neuen Demokratie überlassen.

Die Edelsten im Staat erröthen und zerfließen in Thränen; und ihre Vorstellungen werden übertäubt. Hier zeigt sich die große Seele des Phocion in allen ihrem Glanz. Um dem Staat die Ruhe wieder zu geben, seine Freunde zu retten, und sich für die zu große Leichtgläubigkeit gegen den Nikanor zu strafen, erklärt er sich selbst des Todes schuldig. (¹)

Phocion wird durch dieß tumultuarische Gericht (²) zum Tode verdammt, und geht,

---

(1) S. Plutarch C. 34. p. 354. —
(2) Cornelius nach Cap. 4. kommt, in Rücksicht auf dieses Gericht, mit dem Plutarch

geht, unter den lauten Thränen aller Rechtschaffnen, mit der standhaften Ruhe, mit der er einst, als Feldherr an der Spitze seines Heers, auszog, in das Gefängniß. Hier sagt er die großen Worte, die den Schluß meiner Erzählung ausmachen, (¹) verräth durch seine letzte Unterhaltung die ganze Stärke und Gegenwart seines Geistes, nimmt den Gift, und stirbt so groß, als er gelebt hatte.

Alles

Plutarch überein. Ne perorandi quidem ei data est facultas, et dicendi caussam. Inde iudicio, legitimis quibusdam confectis, damnatus est.

(1) S. Plutarch C. 36. p. 357.
'Ερομενυ δε τινος των φιλων, ει τι προς Φωκον λεγει, τον υιον. Πανυ μεν ῦν, εφη, λεγω, μη μνησικακειν 'Αθηναιοις.

Alles, was ein Grieche dem Griechen, nach der hohen Idee dieser Nation von den Rechten der Todten, versagen konnte; versagt Athen seinem vortreflichsten Bürger. Sein entseelter Körper wird auſſer den Grenzen des Vaterlandes, auf dem Gebiete von Megara, hingeworfen, und von Knechten verbrannt.

Ein armes, aber edel denkendes Weib, errichtet dem Freund Alexanders und dem Sieger des Philippus ein leeres Grabmal, sammelt mit Thränen seine Gebeine, und vertraut sie den Penaten ihres Hauses. (¹)

Nach einiger Zeit fühlt Athen die Größe seines Verlusts, begräbt seine übri-

___

(¹) S. Plutarch. C. 37. p. 358. —

übrigen Gebeine öffentlich, verdammt seine Ankläger, und errichtet ihm eine Bildsäule von Bronzo. (¹)

Wer hat ein Herz, und fühlt nicht das Rührende und Erhabene dieser großen Katastrophe des zweyten Sokrates?

---

(1) S. Plutarch C. 38. p. 359.

Bernini.

Bernini, der als großer Geist erfand,
Die edelste Natur zu seiner Schöpfung
wählte,
Und dann mit kühner Meisterhand
Den Marmor bis zum Gott beseelte,
Schuf einst für einen Dom ein ungeheuer
Bild,
Nach dem Verhältnisse, das die Entfer-
nung heischte,
Mit einer Majestät erfüllt,
Die den entzückten Kenner täuschte.
Ganz Rom bewunderte die Hoheit, die
Gewalt
Der riesenförmigen Gestalt.
Ein Schotte, der seit gestern an der
Tiber
Sich den Geschmack erkauft, warf einen
Seitenblick

Auf

Auf den geschaffnen Heiligen zurück,
Und gieng mit stillem Hohn vorüber.
„Erkennen Sie, Mylord, dies für kein Meisterstück?"
Nichts weniger — „Warum?" Die ungeheure Größe
Geht aus den Grenzen der Natur;
Das Werk ist ganz Karrikatur,
Der rauhe Stil verräth des Künstlers Blöße.
„Sie wissen doch, Mylord, daß für den Dom bestimmt
Der Heilige den Platz bey zwölf Aposteln nimmt,
Die funfzig Ellen tief herunter wirken müssen?"
Das weiß ich nicht, und brauch es nicht zu wissen;

Kurz,

Kurz, dieses Werk ist rauh, steif, nicht
polirt und schlecht. —
Wie einsichtsvoll und wie gerecht!
So tadeln oft die kleinen Geister
Da, wo er Ruhm verdient, den schöpferischen Meister;
Wenn Milton auf dem Sonnenfluge glüht,
Beurtheilt ihn ein Thor wie ein Romanzenlied.

Rembrand und Klopstock.

Sie kennen lieber T.., Bernini, den Skopas des neuern Roms, der das Meisterstück des Michael Angelo in der modernen Baukunst (¹) schmückte, wie jener edle Grieche den Tempel des Chersiphron zu Ephes. (²)

---

(1) Die St. Peterskirche in Rom, die uns Piranese in seinem vortreflichen Werke so meisterhaft gezeichnet hat.

(2) S. den Plinius im 36. Buch C. 14. und im 16. Buch C. 40. eine Stelle, die Harduin aus Münzen erläutert. Den Zweifel des Salmasius, in Rücksicht auf die Cälatur des Skopas, und mehrere Nachrichten zu der Geschichte dieses Tempels, erläutert Junius Cat. Pictor. pag. 196.

Sie kennen ihn aus der verwandelten Daphne, die mit dem weichen mahlerischen Geiste des Ovids wetteifert, wie der Jupiter des Phidias mit dem Ideal des Homer, oder Rubens Neptun mit dem Quos ego — des Virgil. (1)

Ich wählte Bernini, der in heroischer Größe arbeitete, einen Grundsatz anschauend zu machen, der so alt ist, als die Natur, und in Rücksicht auf alle Kunstwerke so oft vernachläßigt wird. Von ihr unterrichtet und begeistert, sagt Pope, der Dichter und Kenner (2)

Some

(1) S. das vortrefliche Originalgemälde der Gallerie zu Dresden.

(2) Essay on Criticisme v. 171. Viele Bilder scheinen unförmlich und mißgestaltet.

Some figures monstrous and mis-
shap'd appear,
Consider'd singly, or beheld too
near,
Which, but proportion'd to their
light, or place,
Due distance reconciles to form and
grace. *

Danken Sie indeß dieses kleine kritische Duodrama, wenn es ihnen gefällt,
einer Juvenalischen Laune, (facit indi-
gnatio versus,) in der ich gestern war,
als ein Pseudo-Yorick, von dem weichen
schmelzenden Farbenton des van der
Werf und anderer erotischen Mahler ver-
wöhnt,

staltet, wenn man sie stückweise oder zu
nah betrachtet, denen doch die gehörige
Entfernung Form und Grazie giebt.
Nach Droll.

wöhnt; Plan, Charakter, Colorit, des erweckten Lazarus unsers vortreflichen Rembrands tadelte.

Diderot hätte das Gemählde entwendet, wenn es Philosophen erlaubt wäre, zu stehlen. (¹) Durini (²) und Pigall (³) waren bezauberte.

Ein-

(1) Diderot zeichnete, auf seiner Reise nach Rußland, seinen Namen in das Buch des Herrn Winklers also ein: Diderot, qui prie Monsieur Winckler, si on lui vole jamais son Rembrand, de ne pas le chercher ailleurs, qu'après au coin de la Rue Taranne son Voleur, le 8. Septembre, 1773.
(2) Der jetzige Cardinal, ein vortrefflicher Kenner der Litteratur und Kunst, auf seiner Zurückreise von Warschau.
(3) Der große Architekt und Bildhauer,
der

Empfindende Seelen, lesen auf der Stirn des Erlösers, in dem zum Himmel gerichteten Auge und den aufgehabnen Händen, Milde, inneres Mitleid, Wehmuth, und unumschränktes feuriges Vertrauen auf Allmacht, mit Bewustseyn eigner Kraft und Majestät. Eben die feyerliche Dunkelheit des Colorits, die das verzärtelte Auge dieses Halbkenners beleidigt, ist Rembrand eigenthümlich, und hier so rührend, als die heilige Dämmerung, die der heroische Pinsel des Rubens um den einsam sterbenden Christus ergoß (1). Wer denkt nicht bey beyden an jene große Sympathie

der das Monument des Marschall von Sachsen verfertigte.

(1) S. das Cabinet des Herrn Winklers.

thie und Feyer der Natur, in der der Todesengel an der untersten Stufe des Throns das Endurtheil des Erlösers erwartete.

Ich wenigstens, so oft ich den erweckenden Christus, in der Sammlung meines verehrungswerthen Freundes, Winklers, erblicke, glaub in einer sanften und für mich rührenden Illusion den Meßias selber zu hören, wenn er durchdrungen von Mitleid gegen die Menschen, aber mit der Majestät eines Gottes, ausruft:

— — „Ich hebe gen Himmel mein
Haupt auf,
„Meine Hand in die Wolken, und
schwöre dir bey mir selber,
„Der

„Der ich Gott bin, wie du: Ich will die Menschen erlösen."

Dieses Meisterstück erhabner Kunst tadelt ein Witzling, der vielleicht einmal am Fuße des kritischen Helikons entschlummerte,

ut sic repente Poeta exiret, — Pers.

Schöpft tief aus dem Pierischen Brunnen — seichte Züge machen trunken, sagt Pope. —

Nicht die relative Wirkung einzelner Theile in einem zu nahen Verhältnisse; das Resultat aller zusammenströmenden Wirkungen auf das Auge und Gefühl, des Kenners, aus dem vom Künstler bestimmten Gesichtspunkt, muß man empfinden und beurtheilen.

Erhaben und niedrig, rauh und polirt, hell und dunkel, sind beziehende Begriffe, wie die Worte der einfachen Notionen, deren unbestimmte Bedeutung von dem Standort des Betrachters, und der verschiedenen Kraft und Anstrengung seiner äussern Sinnen, abhängt; wie Clericus in seiner lehrreichen Abhandlung über diese Gattung von Ausdrücken und Begriffen aus Beyspielen der Alten vortreflich erläutert. (1)

Und wer wird bey einem epischen Gegenstand den Geist des Heroischen vergessen? Das heißt den Neptun grotesk finden, weil er mit dreyen Schritten vom Ida aufs Meer steigt; Miltons und Klopstocks Satan zu riesenförmig, wenn er

(1) S. ars crit. P. II. S. 2. c. 1.

er im furchtbaren Unwillen über sein Schicksal, einen der Felsen zermalmt, der ihm zuerst in die Augen fällt; oder das Colorit des Rubens rauh und seltsam, bey dem Guido Reni mit aller Unpartheylichkeit ausrief:

Mischia sangue costui nei suoi colori?

Mischt dieser Künstler wahres Blut unter seine Farben? —

Die metaphysische Schnecke.

Ihr Herren — sprach ein Philosoph der Schnecken,
Die einen Menschen nie auf ihrem Fels erblickt,
Doch viel von ihm gehört — laßt euch durch mich entdecken,
Was zu erforschen, mir, und mir allein, geglückt.
Es wird euch mein System Verwunderung erwecken,
Wenn anders Wahrheit euch entzückt.
Ihr fragt: was ist der Mensch? und bebt, es zu entscheiden;
Vernehmts, und staunt! — Der Mensch ist ein vollkommner Thier,
Dem Sturm des Meers nie ausgesetzt, wie wir;

Er

Er wohnt, umflattert von Empfindungen
und Freuden,
In Eliseen zum Beneiden.
Ich geb' ihm das Talent, weit schneller
zu entscheiden,
Mehr Majestät, mehr Geist; allein er
bleibt ein Thier. —
Nun aber läßt ein Thier sich ohne Haus
am Rücken,
Dieß lehrt uns die Vernunft, nicht den-
ken, noch erblicken —
Recht überlegt, was folgt daraus?
(Zwo Pfoten oder sechs, das trägt so
viel nicht aus)
Er ist ein Thier, er kriecht, er trägt, wie
wir, ein Haus:
Ein Haus, wie man leicht denkt, um-
glänzt von Sonnenstrahlen,

F   Weit

Weit größer, prächtiger, und kurz, ein
Haus zum mahlen.
Allein, ihr Brüder, doch ein Haus. —
Du, der du stolz den Gott, der un=
begreiflich ist,
Nach deinem kleinen Schneckenhause
mißt,
Gesteh, daß du, so kühn dein Dünkel sich
vergißt,
Oft weiser nicht, als meine Schnecke
bist.

― ― ―

Egoismus.

Egoismus.

Sie haben Recht, mein Th. R... es ist eine herrliche Sache um den Enthusiasmus, mit dem ein lebhafter Kopf sich für den Zirkel der Wissenschaft oder Kunst, in die ihn Natur, eigne Wahl und Richtung der Erziehung führte, erklärt. Die Seelenkräfte gesammlet, angestrengt, und auf einen Hauptgegenstand mit Feuer gerichtet, bringen unstreitig treflichere Wirkungen hervor, als die gleichgültige Kaltblütigkeit eines frostigen Geistes, der sich in die weiten Felder der Polymathie vertheilt, ohne in einem zu wohnen, oder zu herrschen. Indeß muß der Stolz auf unsre Lieblingsidee nie Verachtung gegen andre Beschäftigungen einflössen, die ihren eigenen

Werth in dem Umfange des Ganzen haben.

Jede Wissenschaft hat ihre eigne Lehr- und Grundsätze; aber die meisten stehen mit den Grundsätzen benachbarter Wissenschaften in Verbindung. Vauban verwandelt mit gleichem Scharfsinn eine Pyramide in einen Kegel, einen Cylinder in die Pyramide, mit dem Lambert die Verflechtung oder Verwandlung verschiedener Schlußarten bestimmt, auflöst und zusammenstellt.

Ihr Lieblingsstudium ist militarische Architektur und Sternkunde, verbunden mit Eifer für den ganzen Umfang der Naturlehre. Ich überrasche Sie oft beym Aufgang des Morgenroths über Ihrem

Nollet

Nollet, und finde Sie beym Untergang der Sonne beym Folard und Polyb. Vortrefflich!

Disce, vbi densari cuneos, vbi cornua tendi
Aequius, aut iterum flecti; quae montibus apta,
Quae campis acies.

Claudian. p. 199.

Fliegen Sie immer mit Newton und Keppler, so weit es das Verhältniß und die Kraft Ihres jugendlichen Geistes erlaubt, durch den gestirnten Himmel, und suchen Sie in dem Abwägen der Kräfte, und der Schwere der Weltkörper, Nahrung des wißbegierigen Geistes. Bevölkern Sie, wenn sie wollen, mit der geflügelten Einbildungskraft eines Fontenelle die Planeten, und berechnen Sie mit Büffon ihre seltsame Erzeugung, und Ihren rhythmischen Schwung.

Wer wollte Ihnen diesen unschuldigen süßen Traum misgönnen? Aber werden Sie auch nie gleichgültig, lieber Jüngling — und dieß ist ein wenig Ihr Fehler — gegen skratische Betrachter dieser sublunarischen Welt, welche Charakter und Handlungen prüfen, die Natur der Leidenschaften, und die Geheimnisse des menschlichen Herzens erforschen. Beyde haben gleich starken Einfluß auf die Vollkommenheit des Ganzen. Indeß jener die Schiffahrt und Handlung in neue Welten begleitet, ordnet dieser die Gesetze und Politik des Staats, bildet

der

der Republik nützliche Bürger, und lehret die weise Verwendung des fremden Ueberflusses auf den Wohlstand des Vaterlandes. Sully und Colbert sind Europa eben so schätzbar, als Copernikus und Tycho de Brahe.

Der übertriebne Egoismus in jeder Kunst wird zuletzt eine Art fixer Idee, und berauscht oder betäubt die Einbildungskraft. So urtheilt der Ritter von Mancha beym Pope richtig über Verwicklung, Sitten, Leidenschaften, Einheit des Orts, der Handlung eines Trauerspiels. Kaum tadelt ein Kunstrichter den Ritterkampf dieses theatralischen Stücks; so opfert der Held seinen Aristoteles und Horaz der Lieblingsidee auf, und schreyt in voller Wuth: Ritter, Schildträger und

und Pferde müssen alle auf der Bühne erscheinen. — „Aber die Bühne faßt kein so großes Gedräng." — So baut eine neue, oder spielt das Stück auf einem offnen Platze. (¹)

Holberg war nicht der tiefdenkendste Kopf; aber nach dem Verhältniß seiner Tage und Zeitalters nicht ohne treffenden Witz. Lesen Sie hier, mein kleiner Astronom, wenn Sie einmal so ruhig auf uns andre herabsehen, eine

seiner

---

(1) „Knights, squires, and steeds, must enter on the stage."
So vast a throng the stage can ne'er contain.
„Then build a new, or act it in a plain."
S. Pope Cr. v. 282.

seiner Ideen, nach meiner Art ausgebildet. — Ich liebe Sie doch mit allem Ihrem Enthusiasmus von Herzen.

Der Besenbinder.

Der Besen und die Kunst, ihn mit Geschmack zu führen,

Sprach Meister Ehrenreich, erhält allein
den Staat;

Ich bin zwar kein Geheimder Rath,

Kein Philosoph; allein — das will ich de-
monstriren —

„Wie kann das seyn?" Den Staat, wo
die Regenten blind,

Die Räthe stumpf, die Bürger Thoren
sind,

Getraut ihr euch den für beglückt zu
preisen?

„Nein, denn das wahre Glück folgt nie-
mand, als dem Weisen."

Glaubt ihr, daß die Natur den Körper
und Verstand,

Wie

Wie unser Pfarr oft spricht, geheimniß-
voll verband,

Und daß der Geist vor leeren Bildern
zittert,

Sobald ein stürmend Blut ihm das Gehirn erschüttert?

"Ja! die Gesundheit giebt der Seele
Wirkung, Muth,

"Und ein vernünftger Kopf, verlangt ein
ruhig Blut."

Lehrt nicht — wie heißt der Mann — ein
großer Arzt der Alten,

Die Reinigkeit allein kann uns gesund
erhalten?

"Ja!" Wo sie also fehlt, was mangelt
da dem Staat?

"Gesundheit," Und dadurch? "Verstand"
und —? — "kluger Rath"

Wo-

Woburch erhält nun das gemeine We-
sen
Die Reinigkeit? „Natürlich durch die
Besen."
An Besen also liegts dem Staat. —
Denkt oft der Kritikus und Philosoph
gesünder?
Nein, selbst die große Welt hat ihre
Besenbinder.
Der Squire von Mancha lobt kein tragi-
sches Gedicht,
Und wär es göttlich, wo kein Ritter Lan-
zen bricht.

———————

Alver.

Alver.

Alver, ein Portugies und weiser Admiral,
Durchschwamm mit Segeln ohne Zahl
Den Auf und Niedergang, und schien der Silberflotten
Der stolzen Spanier zu spotten,
Mit denen Portugall in Krieg verwickelt war.
Auf einmal stürmte das Meer mit schwarzen heulenden Fluthen,
Als schlüg' es Vater Neptun im Zorn mit eisernen Ruthen.
Alver, gedrängt von der Gefahr,
Eilt, den erhabnen Mast zu neigen,
Und mit den tapfersten der edlen Kriegesschaar
Ein felsigt Eyland zu ersteigen,

Das

Das seiner Flucht bequem, bequem zur
Rettung war.
Ein lachend Thal, umwölbt von Kocus-
bäumen,
Schön, wie es in göttlichen Reimen
Die Ariosts und die Petrarchen träu-
men,
Und ein Horazischer Hayn,
Durch den sich murmelnd und rein
Crystallene Wellen ergießen,
Verbreitet sich vor seinen Füßen.
Doch, welch ein Schauspiel rührt des
milden Kriegers Herz!
Blutdürstende Barbaren,
Mit Keulen in der Hand, umtanzen in
schrecklichen Schaaren,
Drey junge Spanier. — Fort, rief der
Admiral,

Zum

Zum nahen Capitain; hinab in dieses Thal,
Vom Menschenopfer und furchtbaren Ketten
Die Europäer zu retten! —
„Herr, es sind Spanier." — Barbar!
Sind Spanier nicht Menschen? der Gefahr,
Dem Zufall, dem Verderben
So ausgesetzt, wie wir? —
Die Waffen in der Hand, verdienten sie zu sterben —
Dort war ich Feind, Mensch bin ich hier.

Die Sonne und die Sterne.

Einst stritten um den Rang der Schön-
heit und der Pracht,
Hoch in der unermeßnen Ferne
Des Himmels, die vortrefflichsten der
Sterne.
Sey unsre Richterin, sprach Jupiter zur
Nacht.
Sie aber rief: Ihr Herrn, ich rath euch,
lebt in Frieden.
Schon glänzt das Morgenroth; so bald
die Sonn erwacht,
Ist ohnedem der Streit entschieden.

De principatu contendebant sidera:
Sol oritur: omnis desinit contentio.
   Desbillons l. 8. f. 18.

Der schöne Faun.

Im Bildersal des Mylord Pembrock
stand
Ein Jupiter, von einer neuen Hand,
Gewickelt in ein lästiges Gewand,
Ohn alle Majestät, und Wahrheit, und
Verstand. —
Wer sieht nicht eine Schönheit lieber,
In die die Grazie den Reiz der Kunst
gedrückt?
Kurz, Kenner schlichen sich vorüber,
Und standen starr von einem Faun entzückt,
Den tausend Pfund dem Gott der Tiber
Und dem Pallast Giustinian entrückt.
„Faun — rief der Donnerer mit der
grotesken Miene, —
„Nur nicht so stolz, ihr wißt,
„Daß, wer die Götter kennt, des Donn-
rers nie vergißt,

G Und

„Und nie des Rangs, den ich verdiene;
„Und glaubt, ein jungfräulich Gesicht,
„Das auſſer Wolluſt, Wein und Liebe
   nichts verſpricht,
„Erreicht die Majeſtät des Herrn des
   Himmels nicht."
Zevs, ſprach der junge Faun, die Brit=
   ten da ſind Spötter,
Und achten einen Faun, der ſchlau die
   Nymphen küßt,
Mehr, als den Gott der Fabel und der
   Götter,
Wenn jener ſchön, und dieſer häßlich iſt.

Der Innhalt deines Werks mag groß
   und episch ſeyn,
Fehlt ihm der Reiz der Kunſt, es nimmt
   die Welt nicht ein.

―――――

      Pope

Addison in Tivoli.

Im Hayn von Tivoli, (¹) umrauscht
      von Wellen, saß
Der Dichter Addison, und las
Die Oden des Horaz — durchdrungen
Von dem unsterblichen Genie,
Dem er mit Beyfall nachgesungen,
Erwärmte sich des Dichters Phan-
      tasie,
Und eine stille Thräne schlüpfte

---

(1) S. die 6. Ode des 1. Buchs vergl. mit dem 16. Brief des 1. Buchs. Capmartin de Chaupy, ein genauer Forscher der Horazischen Alterthümer, verdient, in Rücksicht auf das Landleben des Dichters und die Geschichte desselben überhaupt, gelesen und geprüft zu werden. S. dessen Découverte de la Maison de Campagne d'Horace a Rome 1767.

Von seiner Wang herab. — „Poet,
rief ein Marquis,
„Der aus den Lorbeerbäumen hüpfte,
„Um einen Schatten weinen Sie?
„Der Mann liegt schon seit tausend Jahr
begraben."
Dieß zu empfinden, Freund, was ich an=
jetzt empfand,
Muß man, sprach Addison, ihn zehnmal
mit Verstand,
Kurz, nicht wie Sie,
Mein Herr Marquis,
Gelesen haben.

Der Strom und sein Urquell.

Mit einem mitleidsvollen Blick
Sah einst ein Königsstrom auf seinen
Quell zurück.

Es ist ganz gut, sprach er, sich durch
drey Felsen wühlen,
Die tändelnden verliebten Zephyrs kühlen,
Und mit schwatzhaften Wellen spielen;
Doch wirst du, kleiner Quell, wohl meinen
Vorzug fühlen.

Hör, wie mein Fluthbett rauscht, und don-
nernd sich ergießt,
Bewundert durch drey Königreiche fließt,
Und, spottend der im Lauf zermalmten
Marmorbrücken,
Den Reichthum dreyer Völkerschaften
trägt —

Stolz, — rief der Silberquell, und wenig
überlegt, —

„Wenn

„Wenn ich das Wasser dir, o Strom, versagen wollte;
„So möcht ich doch, die Wahrheit zu gestehn,
„Die Mauern und die Marmorbrücken
sehn,
„Die deine Wuth zerschmettern sollte."

Oft schmäht aus Stolz, wo nicht aus Un-
verstand,
Ein Lehrling den, der das, womit er
prahlt, erfand.

Ex quo trahebat fonte originem
fuam,
Hunc spreuit amnis: —
Sensit Superbum: et; Nostra, Fons in-
quit, nisi
Suppeditet urna, quid habeas, quod
iactites?
Desbillon F. .l v. f. 16.

Nouan-

Nouantiqua.
Nach dem Martial.

Was ist ein süßer Herr?
Ein süßer Herr legt, gleich geputzten Docken,
Sein glänzend Haar in leichtgewundne
    Locken,
Eau de lavende und Bergamott
Umdüftet ihn, wie einen Liebesgott.
Er modulirt mit langgedehntem Triller
Ein matt parisisch Lied, zum Hohn für
    Bach und Hiller.

Martial. Lib. III. Epig. LXIII.

Cotile, bellus homo es, dicunt hoc,
    Cotile, multi.
Audio: sed quid sit, dic mihi, bellus
    homo.
Bellus homo est, flexo qui digerit ordine
    crines:
Balsama qui semper, cinnama semper
    olet;
Cantica qui Nili, qui Gaditana susurrat:

Er weiß durch einen kleinen Spott,
Und durch ein Entrechat in Chloens Herz
 zu schlüpfen,
Und leicht, wie ein Marquis, zu hüpfen;
Sitzt von dem Morgen bis zur Nacht
An weichen rosenfarbnen Betten,
An Sophas und an Toiletten,
Zischt Damen Nichts ins Ohr, guckt in
 den Spiegel, lacht
Zufrieden mit sich selbst, schwatzt von
 Geschmack und Pracht,
Von

Qui mouet in varios brachia volsa
 modos:
Inter foemineas tota qui luce cathedras
Desidet, atque aliqua semper in aure
 sonat:
Qui legit hinc illinc missas, scribitque
 tabellas;
Pallia vicini qui refugit cubiti:
Qui

Von Opern und von Tänzerinnen,
Ist nirgend, und ist überall,
Beurtheilt Schauspiel, Pferd und Ball,
Spielt, um die Spröde zu gewinnen,
Bald mit der Uhr, bald mit dem dia-
    mantnen Ring:
Kurz, Freund, ein süßer Herr ist ein
   poßirlich Ding.

 Qui scit, quam quis amet, qui per con-
    viuia currit:
  Hirpini veteres qui bene nouit auos.
 Quid narras? Hoc est, hoc est, homo,
   Cotile, bellus?
 Res petricosa est, Cotile, bellus
    homo.

Der Affe und der Fuchs.

Im Reiche Monomotopa —
Wo liegt es doch? in Afrika,
Bey Tunis, Tripolis, — doch das
    verschlägt uns wenig —
Befahl der Thiere stolzer König
Durch ein Edikt, daß jedes Thier
Von kurzem Schweif den Staat vermei=
    den sollte,
Weil seine Majestät — ich stehe nicht
    dafür,
                    Doch

    Quaecumque paulo curtiore prae-
        ditae
    Cauda fuissent belluae, edixit Leo,
    Suo ni excedant regno intra paucos
        dies,
    Malo mulctandas, quotquot potuerint
        capi.
                      Poenam

Doch so wird es erzählt — sie nicht mehr
leiden wollte. —

Der Affe sah wohl ein, daß das Gebot ihm galt.

Recht, sprach er bey sich selbst, weicht
leider der Gewalt!

Ich bin zwar, wie man sagt, nicht häßlich von Gestalt,

Und trage mich nach meiner Väter
Weise;

Allein

Poenam ergo celeri Simius parat
fuga

Vitare; at ipsam similiter Vulpem
videns

Effugere velle: Tu vero, inquit,
quid times?

Ad tene edictum pertinere existi-
mas?

Respon-

Allein mein Schweif — kurz, beſſer iſts,
ich reiſe.
Entſchloſſen zu dem Aufbruch ſtand
er da,
Als er den Fuchs mit einem Ranzen
ſah.
Wohin, Herr Fuchs? „Aus unſern
Grenzen;
„Du kennſt ja das Edikt" —
Das kann nicht möglich ſeyn,
Der lange Schweif, ſehn der Herr Fuchs
wohl ein,

Iſt

Reſpondit illa: Si mala edictum
eſt fide:
Facile oratores inuenientur perfidi,
Caudam mihi eſſe curtiorem qui pro-
bent.

La Fontaine.

Ist ja der Theil, durch den dieselben
glänzen. —
„Freund! was heißt lang und kurz? der
Ausdruck ist sehr schief,
„Und wie wir Philosophen sprechen,
„Nicht gnug bestimmt, bloß relativ.
„Um dir den Kopf nicht zu zerbrechen,
„Mein Schweif heißt lang, wenn man
mit Affen mich vergleicht,
„Kurz, weil er nicht des Löwen Schweif
erreicht.
„Wo ein Gesetz erscheint, da giebt dirs
Advocaten,
„Die den versteckten Sinn mit Vorsatz
nicht errathen.
„Wer steht mir, unter uns, dafür,

„Daß

„Daß nicht ein solch hochweises Thier
„Die Kürze meines Schweifs mir sehr
legal erweise?
„Drum ist es gut, daß ich, mein Sohn,
„Vor der Interpretation,
„Doch wenigstens mit vollem Ranzen
reise."

Desbillion und Christ.

Desbillion verhält sich zum Phädrus, wie Vida im epischen zum Virgil; Huetids und Fraguier in der Elegie zum Properz und Tibull. Es ist schwer, das Genie der Gallier mit dem Geist und der Sprache der Römer so zu vereinigen, daß man nicht hie oder da den Abstand von dem Nachahmer bis zum Original bemerken sollte. — Indeß sind Desbillions Fabeln, trotz der entlehnten Erfindung, nicht bloße Centonen des Alterthums, sondern artige Schrafirungen und Kupferstiche nach alten und modernen Gemälden, und sie treten im Dialogischen und Naiven dem Phädrus näher, als die Erzählungen des sonst vortrefflichen Christs, der an Kenntnissen, Reichthum von Belesenheit und geübten Gefühl für die Kunst jeder Art, sich in Deutschland auszeichnete, und die tiefste Gelehrsamkeit mit liebreichen Sitten verband.

Christs kritischem Geiste war es nicht genug, durch Wahrscheinlichkeiten verleitet, die Authenticität des Phädrus in Zweifel zu ziehen; den Werth der Dijonischen vom Pithöus entdeckten Handschrift, und das Zeugniß des Thuans zu schwächen; Widersprüche in den Aufschriften und der Chronologie, Fehler des Sylbenmaaßes, Entfernung des Ausdrucks von dem Jahrhundert des Augusts zu suchen; durch allegorische Erklärung die Züge der Geschichte, die das Zeitalter des Phädrus bestimmen konnten, zweydeutig und schielend zu machen. — Er wagte es sogar durch die Bearbeitung der Phädrischen Fabeln (¹), mit mehr Gelehrsamkeit

(1) Ioh. Frider. Christii, Fabularum Veterum Aesopiarum LL. duo, ex eisdem operum vestigiis retractati, e quibus pleraque suarum fabularum argumenta, et verba multa, et numeros quoque passim repetiisse eum, qui Phaedri sub nomine fertur, verisimile est. Lipsiae ex Off. Breitkopf. 1748. Diesen Versuch einer künftigen Ausgabe, den Herr Christ mit einigen geätzten Zeichnungen von seiner Hand heraus gab, (eine Erscheinung, die mit den edlen Bemühungen unsers verewigten Hagedorns grenzte, der nicht verdient hätte, von den Ausländern Monsieur Versuch genannt zu werden, weil er seine Blätter aus Bescheidenheit Versuche unterschrieb,) bestätigte er durch eine Herausgabe zweyer Bücher

ſamkeit als Wahrheit, durch eigne Verſuche den Phädrus zu lehren, wie er hätte ſchreiben müſſen, wenn er wirklich der Liebling des Auguſts, und ein Dichter ſeines Zeitalters war. — Chriſt übertrift mit allen ſeinen verwegnen Hypotheſen den Functius, dem es leicht war, einen kritiſchen Traum aufzulöſen; und an Umfang litterariſcher Alterthümer den Desbillon. Aber Desbillon weiß, mit weniger Gelehrſamkeit, dem Geſchmack der alten Einfalt näher zu kommen.

Es iſt beynahe nach meiner Empfindung nicht möglich, mehr Natur, Naivität,

cher Aeſopiſcher Fabeln, und einen Commentar über dieſelben, im Jahr 1749.

vität, charakteristische Einfalt der Denkungsart, der Sitten und des Ausdrucks zu verbinden, und durch die feinste Satire eine ernsthafte Wahrheit zu würzen, als Desbillon in dem komischen Selbstgespräch seines Bauers thut, der sich zum Tadler des Schöpfers aufwirft.

Talem — tales arborem fructus decent —
Curcurbita — quid si cecidisset? —

An den Mond.

Du kleiner Theil von dem erhabnen
Ganzen,
Wie mild wirkt nicht dein Strahl auf
meinen Staub herab?
Indeß Monarchen sich verschanzen,
Und, unbesorgt, glorreiche Thoren tan=
zen,
Denk ich, von dir erweckt, an Gott und
an mein Grab.

Liebenswürdige Chloe!

An den waldichten Ufern der königlichen Elbe, unter ehrwürdigen Eichen, die mir damals — so viel Gewalt hat die Grazie der Jugend auf blühenden Wangen der Unschuld — freundlicher zu rauschen und süßer zu duften schienen, sagte ich Ihnen, Chloe, meinen Amyntas vor; und dachte, nach dem Gesetze der Einbildungskraft, deren sanftes Spiel durch ähnliche Reize bewegt wird, bey der glänzenden purpurfarbenen Rose, dem Genius und der Grazie meiner Elmire, an Ihren Reiz, Chloe, und an Ihre geistreichen Talente. Die kleinen sanft rauschenden Wellen schlugen indeß bescheiden ans Ufer, und die gefälligen Strahlen des Monds gossen ein freundliches

liches Licht auf Ihre himmelblauen Augen und versilberten Ihre blonden Locken.

Ich vergesse den unschuldigen Stolz nicht, den Ich fühlte, daß diese Erzählung, und der Charakter der Deutschen, den ich nach dem Tacitus vermals entwarf, einen Eindruck auf Ihr patriotisches Herz zu machen schien. Hier widme ich Ihnen beyde. Sie haben Recht, Chloe, dieß zu behaupten. Wer unsre Preussischen und Sächsischen Helden jetzt an den Ufern der Elbe und auf dem Gebirge, in Waffen glänzen sieht, und Muth und Entschlossenheit auf der offnen Stirn liest, wird an den Enkeln der tapfern und glorreichen Anherren erkennen, daß der scharfsinnigste und weisefte Römer, nicht bloß die Weichheit seiner

ner Nation zu beschämen, den Charakter der Deutschen veredelte; sondern ein wahres Gemälde ihres heroischen Geistes entwarf. Wer mehrere Herzen, o Chloe, von Ihrer Treue und Ihrem reizenden Patriotismus entdeckt, der wird gar leicht den liebenswürdigen Enthusiasmus glauben, mit dem unsre deutschen Penthesileen den Vertheidigern edler Freyheit ins Feld des Kriegsgottes folgten. — Doch, hinweg mit diesen kriegrischen Ideen. —

Bald werde ich Sie wieder, Theuerste Chloe! unter dem Orangenbaum belauschen, unter dem Sie so gerne mit Thomson, Guarino und Gesner von dem Geräusche der großen Welt, in ei-

ner betrachtenden Stille, ausruhen. Fänd'
ich da meine Schriften von Ihnen gelesen und geliebt, so beneidete ich selbst
Ihre Lieblinge, die Britten, nicht um
den Schlummer in den Katakomben der
Könige.

Der

Der Schlittschuhlaufer und der Schiffer.

Ein brauner deutscher Jüngling, stark
Trotz unsern Vätern, den Barbaren,
Da sie noch rüstig, voll von Mark,
Von Muskeln angestrengt, und kühn und
      männlich waren,
Lief einst leicht, wie ein Thracisch Reh,
Auf der vom Nord bereiften See,
Und drang schnell, wie ein Blitz vom
      Himmel,
Mit leichten Krümmungen, den Pfeil in
      sichrer Hand,
Durch ein weit um ihn her versammeltes
      Getümmel,
Das bey dem Caroußel voll von Erwar-
      tung stand.

Elmire, die zum Hohn des öden Winters
glühte,
Und, troz der stürmenden Natur,
Sanft, wie die Königinn der Flur,
Die purpurfarbne Rose, blühte,
Versprach beym Grazien und ihrem
Genius,
Dem Sieger; welch ein Preis! sanft lä=
chelnd einen Kuß.
Amynt, ich sag es nicht aus Neid und
aus Verdruß,
Du läufst sehr schnell; allein für einen
solchen Kuß,
Lief ein Poet geschwinder.
Er eilt, er keucht, er fliegt, er träumt
als Ueberwinder
Im Geist den Kuß, umsonst — ein ar=
mer Schiffer fällt

Auf

Auf der gefrornen Bahn vor seinen Füs-
sen nieder,
Erschrickt, fleht um Verzeihn, erhebt sich
langsam wieder,
Und bringt ihn um den Sieg, den schön-
sten Sieg der Welt.
Unwillig rief der stolze Jüngling: "weiche,
"Verräther! flieh mein Angesicht!
"Schon griff ich nach dem Ziel, verweg-
ner Bösewicht,
"Dein ist die Schuld, daß ich es nicht
erreiche."
Er sagts, zürnt, und verliert im Zorn das
Gleichgewicht;
Das Eis, zermalmt vor seinen Füßen,
bricht,
Er bebt, fängt an zu sinken,
Und den geborstnen Strom zu trinken.

Wer

Wer soll ihn retten? alles flieht.
Der arme Schiffer wagts, springt in den
              See, und zieht
Den Zitternden heraus. Herr, rief der
              Schiffer: wisset,
Daß ihr mich nicht verachten müsset,
So arm ich bin, bin ich der Mann,
Der euch auf Eurer kühnen Bahn,
Großmüthiger, als Ihr, das Leben
              retten kann.

Charakter der Deutschen. (¹)

Hör, von dem Barden, (²) deinem Sohn,
Wie groß dein Ahnherr war, glorreiche
        Nation! —

Der Römer, dem nicht Meer, nicht
        Alpen widerstrebten,

Vor dem Iberien und Pyrenäen bebten,
              Der

---

(1) Sieh die Nachricht von der Eröffnung des neuen Theaters in Leipzig 1766. pag. 7.

(2) So nannte ich den unsterblichen Schlegel, dessen Herrmann, nach dem Costume der deutschen Sitten, von Herrn Koch mit Pracht und wahrer Einfalt aufgeführt wurde. Diese Vorstellung gewann noch einen größern Glanz durch den ersten Anblick des allegorischen Gemäldes und Deckenstücks des Herrn Oesers. — Erkennt man auch nicht in Schlegels Herrmann den Verfasser des Canut; so ist doch der Verfasser der Elektra nach dem Euripides, und der Dido nach dem Virgil unendlich übertroffen. —

Der Crassus-Adler stolz zurück vom
Euphrat trug,
Und Parther ohne Schwerdt, durch sei-
nen Namen schlug;
Der Ueberwinder Roms, der Gallier und
Britten,
Vergaß zum ersten mal des Siegs in
deutschen Hütten.
Was ihn kein Euphrat lehrt, lehrt ihn
der freye Rhein,
Eroberer der Welt, nur Deutschlands
nicht zu seyn.
Erkenn aus diesem Zug Cheruskier und
Catten,
Und lies die Majestät des Volks in seinem
Schatten. —
Ein himmelblaues Aug flog durstig nach
dem Sieg;

Ein Körper stark, genähret, und streitbar in dem Krieg,

Verkündigte dem Feind den Muth zu großen Thaten,

Und ließ auf offner Stirn das sichre Herz errathen.

Unregelmäßig groß, rauh, wie sein Vaterland,

Wild, ohne Barbarey, und witzig mit Verstand,

So gieng dieß Volk die Bahn der Unschuld seiner Väter,

Ein Weichling war der Schritt zum Römer und Verräther.

Kein jugendlicher Hang und kein aufwallend Blut,

Stahl Schönen ihren Reiz, und Jünglingen den Muth;

Was

Was Roms Gesetz nicht kann, vermögen
deutsche Sitten.

Sein hoher Adel war die Unschuld reiner
Hütten.

Kein schmeichlerischer Zug, und kein ge-
brochner Schwur

Entheiligte das Herz, und trotzte der
Natur.

Der Deutsche, deß umsonst weltweise
Römer lachten,

War Philosoph genug, den Reichthum
zu verachten,

Und grub noch nicht, gereizt durch einen
leeren Schall,

Gebirge tief hinab nach glänzendem
Metall;

Er überließ den Muth, ein elend Gold
zu plündern,

Den

Den Helden Latiums, den Feigen, und
den Kindern.

Ein Thier, auf kühner Jagd, erlegt mit
eigner Hand,

Gab Helden ihren Helm, und Kriegern
ihr Gewand.

Ein Fels, vor dessen Blick die fremden
Römer zittern,

Schützt einen deutschen Sohn vor Sturm
und Ungewittern.

Noch kannte dieses Volk kunstvolle
Waffen nicht,

Ein wankend Eisen gab der deutschen
Faust Gewicht;

Er überließ die Kunst, methodisch zu ver=
wüsten,

Dem Phalanx Griechenlands und römi=
schen Balisten,

Und stand vor seinem Feind in rauher
Majestät,
Fest, wie ein steiler Fels in Donnerwet-
tern steht.
War einst sein Heldenarm der blutgen
Arbeit müde,
So weckte seinen Muth ein warnender
Druide,
Sang ein tyrtäisch Lied von Pflicht und
Vaterland,
Und gab den breiten Schild ihm wieder
in die Hand.
Ein heldenmüthig Heer ehrwürdiger Ma-
tronen
Flog ihm ins Schlachtfeld nach, mit Muth
von Amazonen.
Des Deutschen Schimpf war Flucht, des
Deutschen Nahrung, Brod,

Des

Des Deutschen Ruhm, sein Fürst, Sieg,
Freyheit oder Tod.

Erstaun, und lob ein Volk, das für die
Freyheit glühte,
Doch weine, daß dieß Volk, als Knecht,
vor Gözen kniete,
Und daß die Siegerhand, die Rom und
Varus schlug,
Die Adler zum Triumph des Aberglau-
bens trug.
Ahm deutschen Vätern nach, wo sie vor-
treflich waren,
Und wo sie Heyden sind, da nenne sie
Barbaren.
Lach ihres Vorurtheils, wenn sie die
Künste schmähn,
Und tadeln, was sie selbst aus Wildheit
nicht verstehn.

Frag Lacedämon, Rom, Athen, Paris, die Britten,
Und wisse: Heldenmuth besteht mit feinern Sitten:
Und oft starb auch ein Held mit Ruhm fürs Vaterland,
Der, ohne Wildheit groß, Scherz und Cothurn empfand. —
Die Fehler der Natur, der Tugend Adel schildern,
Heißt den Verstand erhöhn, und Leidenschaften mildern,
Und Wahrheit, die dem Stolz des Menschen widerspricht,
Verfeinert das Gefühl der bürgerlichen Pflicht.

Die reiche Heyrath.

Des Ritters Althauß jüngster Sohn,
Ein wackrer rüstiger Baron,
Sprach dem Gesetz de maritandis Hohn,
Und fand mehr Lust an dem geschminkten
Busen
Der blonden leichten Tänzerinn,
Als in dem keuschen Arm der Grazien
und Musen. —
So schlich er unbeweibt durch vierzig
Sommer hin,
Vergaß nicht in Theatertänzen,
Auf den Redouten und im Opernsaal zu
glänzen,
Und manches schöne Kind, von seinem
Reiz berauscht,
Ward an dem Sopha schlau belauscht,
Bis ihn ein Gläubiger mit einem Wech-
sel quälte,

Zu dem ihm ohngefähr zwölf tausend
Thaler fehlte.
„Herr Ritter, sprach sein listiger Johann,
„Ich weiß, was uns noch retten kann.
„Wie wärs, wenn wir uns reich ver-
mählten?
„Hier auf der Straße wohnt ein Mann,
„Der sich im Türkenkrieg zwo Tonnen
Goldes machte,
„Weil er, nicht ohne viel Verstand,
„Durch eines Magazins wohl überlegten
Brand
„Sich und sein Haus, als guter Christ,
bedachte." —
Dein Einfall, rief der Ritter, Freund,
ist gut!
Laß uns den Harpagon belauschen,
Ich will mein altes Heldenblut,

Denn

(Denn einmal ist es wahr, das Geld
allein macht Muth,)
Mit einem goldnen Berg vertauschen.
Der Ritter winkt, schon spannt der Kut-
scher an,
Wirft seinen Bärmuff um, und steigt den
Bock hinan,
Vier Schimmel — wie Achill an stol-
zen Wagen spannte,
Da er dem Phrygier zum Hohn,
Mit König Priams tapfrem Sohn
Dreymal um Trojens Mauern rann-
te —
Erheben sich im schulgerechten Trab,
Der leichte Schenkel spielt, ihr Hauptputz
winkt herab,
Und schnaubend rauschen sie vor dem
lackirten Wagen,

An dem, von Gold stark untermahlt,
St. Martins Kunst so übermüthig
prahlt,
Als sollt er einen König tragen.
Johann, auf jeder Naht drey Finger
breit verbrämt,
Mit einer Stickerey, die ganz Berlin beschämt,
Steigt auf des Wagens goldnen Rücken,
Wirft stolz, wie ein Satirikus,
Und hönisch, einen Seitengruß
Auf Creaturen, die sich tief zur Erde
bücken,
So oft sein goldner Herr die Excellenz
vergißt,
Und sie mit halbem Fenster grüßt.
Der Wagen hält, Johann springt eilends
nieder,

Stürzt

Stürzt in das Haus, kömmt außer
Athem wieder,
Verkündigt schlau, durch einen Blick,
Dem Prätendenten nahes Glück.
„Er nimmt mich an?“ Nach aller Eti-
kette —
„Und seine Tochter?“ Steht wie eine
Cypris da,
Und nickt so freundlich, als Papa.
Die Mädchen, Herr, sind schlau, ich
wette —
Doch hier ist unser Mann. — „Mein
Herr, erlauben Sie,
„Daß ich zuerst die Hand der Fräulein
Tochter küsse,
„So eine feine Physiognomie,
„So einen Wuchs und solche kleine Füße,
„Sah ich an unserm Hofe nie.

„Die Fürstinn würde sich nicht schämen,

„Zur ersten Dame sie zu nehmen.

„Gewiß, mein Herr, der Hof war recht entzückt,

„Da er das Fräulein jüngst auf einem Ball erblickt."

Ihr Name? Herr Baron — „Wenn ich ihn werde nennen,

„So werden Sie mein Haus und meinen Adel kennen.

„Ich bin ein Althauß" — So? — „Der alte General,

„Mein Vater, war ihr Freund!" — O Herr Baron, viel Ehre —

„Und er bestimmte mich dem Fräulein zum Gemahl,

„Wenn ich einmal bey Hofe glücklich wäre."

O Herr

O Herr Baron, ich bin Ihr Knecht.
Ein Wechsel von Lion, den Sie nicht leugnen können,
Giebt seit drey Tagen mir ein ganz besonder Recht,
(Der Wagen aus Paris ist, wie mich dünkt, nicht schlecht)
Sie meinen wahren Freund zu nennen.
Hannß, mach den Thorweg zu! „Mein Herr, den Augenblick,
„Hohl ich das Geld." — Nein, Herr Baron, Sie zahlen,
Gleich auf der Stelle hier.   Es ist ein alter Brauch,
Uns, Herr, bezahlt man nicht mit Rauch.
„So glauben Sie, daß wir Althauße prahlen?"

Ich

Ich glaube, was ich will — Kurz, Herr
Baron, Sie zahlen.
Mein reicher Schwiegersohn — Er ist
kein Edelmann —
Sucht schon seit vierzehn Tagen
Vier brave Pferd, und einen tüchtgen
Wagen.
Der lack Martin ist schön: — ich dächte,
Herr Baron,
Sie spannten ab. — Sie wären aus
der Sache.
„Johann, was soll ich thun?" Herr, der
Arrest ist schwer,
Und unser Coffrefort ist ganz verteufelt
leer. —
Kurz überlegt, Baron, sonst schick ich
nach der Wache.
„So nehmen Sie den ganzen Plunder hin,
„Und

„Und leben wohl!" Noch eins, als Freund,
weil ich es bin,
Wenn Sie vielleicht in reifern Jahren
Auf eine zwote Heyrath fahren,
So denken Sie zurück an das verschloßne
Thor,
Und zahlen in Paris die Kutsche ja
zuvor.

Katasterismus.

Laurentius, Franciscus, Cosmus, Ferdinand, und Anna Aloysia sind in den Annalen der Gelehrsamkeit unsterbliche Namen. Litteratur, Baukunst, Mahlerey, Bildhauerey, Numismatik, Mathematik überhaupt, und Astronomie, ihr glänzendster Theil, Geschichte der Natur und der Menschen, und jene sokratisch platonische höhere Weltweisheit blühte und reifte unter dem wohlthätigen Schatten dieser großen Prinzen, die selbst, als Genie und Kenner, Theil an den Wissenschaften nahmen, und aus den Ruinen von Griechenland einen Tempel ihres Ruhms und der Künste errichteten. Florenz war der Sammelplatz, in dem die trefflichsten Genies zusammenströmten,

und

und Talente vom ersten Range eröfneten sich durch ihren Adel den Zutritt an einem Hofe, wo es Ton der großen Welt war, Philosophie und Künste zu schützen. —

In dem für die Welt fruchtbaren Zeitpunkt, da Keppler in Deutschland, Descartes in Frankreich, über die Geseße der Schwere und der tiefsten Geheimnisse der Natur anfiengen ein Licht zu verbreiten; trat Galiläus in Italien hervor, ein Genie, das sich mit Kühnheit unmittelbar durch Plato, Euclid und Archimed gebildet hatte. Dieser speculative Geist, der nicht den Aristoteles, sondern die Pseudo-Aristoteliker verwarf, ward ein Opfer der Peripatetischen Politik durch die Vertheidigung des Copernikanikanischen Lehrgebäudes, das mit dem Pythagorischen verwandt ist. Das Formular seiner Abschwörung dieses Systems ist ein Beweis von der Finsterniß seiner Richter, und eben so seltsam, als die erzwungnen Allegorien, in die Taßo die sanften Abentheuer seiner Helden auflöste, um in den Schooß der Orthodoxie zurückzukehren. Die Republik Venedig belohnte indeß ihm seine optischen Erfindungen, und viele neue Entdeckungen an dem gestirnten Himmel, die er der Welt in seinem Nuncius Sidereus mittheilte. Er bemerkte zuerst, durch die von ihm erfundnen optischen Gläser, die Erhabenheiten und Tiefen des Mondes, die mit einem leichten Nebel umflossenen Sterne der Milchstraße, den Ring des Saturns, die

Flecken

Flecken der Sonne und die Trabanten des Jupiters. Wie ein schmeichelnder Astronom die entwendete Locke der Berenice, durch einen schlauen Katasterismus, unter die Gestirne empor trug; eine Erfindung, die Callimachus als Dichter unterstützte, und Aratus und Manilius durch ihre malerische Beschreibung verewigten: so nannte Galiläus seine neu entdeckten Gestirne nach dem Namen Medicis. (¹) —

Um

---

(1) Dahin zielen die Worte der Galiläischen Grabschrift — Coelorum prouinciam auxit, et vniuerso dedit incrementum. — Non enim vitreos sphaerarum orbes (Siehe den Claudian, in sphaeram Archimedis, nach Geßners Ausgabe p. 685. mit den historischen Anmerkungen; auf dessen Beschreibung der zu witzige Verfasser dieser fanatischen Inschrift anspielt.)

Um unpartheyisch zu seyn, muß ich gestehn, daß man dem Galiläus die erste Erfindung des mediceischen Gestirns streitig macht; daß ein deutscher Astronom, Simon Marius, die Trabanten des Jupiters am 29. December 1609. beobachtete, Sidera Brandenburgica nannte, und seine Entdeckung etliche Jahre darauf in einem Buche bekannt machte, das er mundum Borealem überschrieb.

Galiläus beobachtete sie am 13. Jan. 1610. und nannte sie Sidera Medicea. — Der Zeitrechnung nach, war also der Deutsche der erste Erfinder. Indeß

trift

spielt.) fragilesque stellas conflauit, sed aeterna mundi corpora Mediceae beneficentiae dedicauit. —

trift man oft zwey Genies in einem Zeitpunkte, auf einen Gegenstand gerichtet, und einer ähnlichen Erfindung Meister.

Hieronymus Columna arbeitete durch Zufall in eben der Zeit über den Ennius in Italien, als Paul Merula in Holland. Beyde waren Original, und trafen zusammen. (1)

---

(1) Wenn man eine wahre Idee von der Rechtschaffenheit und der Unpartheylichkeit edel denkender Köpfe haben will, die über einen Gegenstand beyde mit Ehre arbeiteten, so lese man den Merula in der Leydner Ausgabe des Ennius von 1595. in der Vorrede an den Leser.

Galiläus.

Herr Galilä, mit dem geschliffnen Glase
Auf eurer astronomschen Nase,
Was habt ihr um Florenz und Medicis
verdient,
Daß ihr aus diesem Ton zu reden euch
erkühnt?
So sprach ein junger Prinz vom
Hause,
Der, troß dem Orden, mehr Verstand
Im Arm der Buhlerin und in dem
trunknen Schmause,
Als am gestirnten Himmel fand.
„Prinz, sprach ein Philosoph: durch vier
entdeckte Welten,
„Die Galilä dem Medicis geweyht,
„Gab er, den Sie für einen Thoren
schelten,

Dem

„Dem Fürsten die Unsterblichkeit.

„Sie, Prinz, und ihren Spott wird kaum die Nachwelt kennen,

„Allein, so lang Saturn am offnen Himmel strahlt,

„Und Delos König (¹) noch den Ost mit Purpur mahlt,

„Wird man den Medicis und Galiläus nennen."

---

(1) Siehe den Hymnus des Homer auf den Apollo, der nach dem Zeugniß des Thucydides und Bergler ächt ist; den prächtigen Gesang des Callimachus, vergl. mit Aratus, Manilius und Ovidius.

Homer und Ariost.

Ich gestehe es Ihnen, lieber M..m, so partheyisch mich der vortreffliche Meinhard für Ariost und Tasso macht: so muß ich doch Boileau und dem Kunstrichter von Ferney einräumen, daß die Phantasie dieser warmen, malerischen und von der Natur begeisterten Genies bisweilen, wie die Philosophie des Demokritus und Epikurus, hinaus über die Grenzen der Natur schweift (extra moenia mundi.) —

Petronius selber, mit aller seiner Liebe fürs Wunderbare, die er den Lucan fühlen läßt, (¹) würde das tormentum liberi spiritus — nicht so weit getrieben ha=

---

(1) S. den Petron, Cap. 118. und f. Non res gestae versibus comprehendendae; — sed per ambages, deorumque mini-

haben. — Ein christlicher Zauberer, im Kontrast mit einem muhamedanischen; (¹) Renaud, der von Teneriffa nach Jerusalem mit Schritten des Neptuns fliegt, um einen bezauberten Wald umzustürzen; tausend Gestalten lustwandelnder, Teufel, und in Kakatu verwandelte ministeria — et fabulosum sententiarum tormentum, praecipitandus est liber spiritus, — vt potius furentis animi vaticinatio appareat, quam religiosae orationis sub testibus fides; etc.

(1) S. Voltaire im Essay sur la poesie epique. ch. 7. der die Beschreibung des niedergehauenen Waldes, in Rücksicht auf die Erfindung und den Ausdruck, mit einer Stelle aus dem Lucan vergleicht, wo Cäsar einen heiligen Hayn bey Marseille umhauen läßt. Voltaire zieht, und hier vielleicht mit Recht, Lucan dem Tasso, und Cäsar dem Renaud vor.

te Prinzen müssen freylich auffallen, wenn man sich auch mit aller dichterischen Schwärmerey in das Jahrhundert des tiefen Aberglaubens zurücksetzt; so wie das Pandämonion des Miltons und die Canonen, die die vom Himmel gestürzten Geister an den Ufern des feurigen Meeres erfinden und schaffen, um die lange Weile zu vertreiben. —

Indeß, mein Freund, muß man darüber nicht zu ängstlich und gewissenhaft nachdenken. Der epische Dichter hat eine Art von Gewalt über die Natur, die man durch keine frostige Analyse schwächen oder auflösen soll. — Seinem prophetischen Geiste sind die wunderbaren Geheimnisse des Himmels eröffnet, und der nicht eingeweihte Leser muß ihm glau-

glauben. — Aristophanes spottet mit Salz über den Kontrast der Allmacht mit Schwachheit; Lucian wundert sich im Charakter des Jupiters, daß der Zevs, dessen unwandelbaren Thron alle Götter des Olymps nicht erschüttern könnten, sich durch den glänzenden Gürtel der Venus einschläfern läßt, und in einer schmachtenden Minute alle die Donner vergißt, die er ergreifen konnte, um seine Lieblinge zu retten. —

Beyde mögen parodiren und lachen — man gefällt sich in ihrer Laune; aber Milton, Ariost und Homer bleiben mit aller Seltsamkeit schöpferische Geister. — (vbi plura nitent in carmine —). Wo die hohen Geheimnisse der Politik und Kriegskunst, die reinste Sittentenlehre, das Ideal der wirksamsten und thätigsten Leidenschaften, das Erhabne, das Große, das Rührende zusammenströmt, und der beschäftigte Geist von einem Gegenstande der Bewundrung zum andern gerissen wird — da muß der Kunstrichter seine Moral, Philosophie und mathematisch berechnete Wahrscheinlichkeit gefangen nehmen. Besser ein Homerischer und Oßianischer Sturm, als eine Meerstille, bey der man in Schlummer gewiegt wird. Und wagt es Glover sich dem Wunderbaren der Handlung bey Thermopylä, ohne Zwischenkunft der Götter, allein zu überlassen, — so mache man von der willkührlichen Ausnahme keine Regel auf das Ganze der Epopee.

Damit

Damit ich Sie indeß mit Ihrem Ariost und Taßo versöhne, sende ich Ihnen eine Lucianische Skizze, über die der Schöpfer der Metempsychose, Pythagoras, und Vater Homer selbst gelacht haben würden, wenn sie sie gelesen hätten. War es dem großen und ersten Originale der Epopee erlaubt, bey dem Schimmer der griechischen Philosophie einen so seltsamen Flug im Wunderbaren zu nehmen, warum soll der Sänger des Renaud und Orlando nicht nachfliegen, da ihr Genie von gleich starken Schwingen getragen wird? —

Micyll

Micyll.

Ein Dialog über die Metempsychose des Pythagoras, und das übertriebne Wunderbare im Homer, nach der Idee des Lucians. (¹)

───

Hahn, den ein Gott im Zorn in dieses Haus gebracht,
Ist dieß nicht schon die dritte Mitternacht,
Der dritte goldne Traum, um den du mich gebracht? —
Wo seyd ihr, Reichthum, Stolz und Macht,

Ihr

---
(1) S. Lucian. Opera edit. Amstel. T. II. p. 157. ονειρος, ἡ Αλεκτρυων.

Ihr süßen Phantasien, die ihr der Armuth lacht!

Verräther, schweig, ich schwöre

Beym großen Zevs — „Micyll, ich höre,

„Du zürnst auf deinen Hahn, doch seh ich eben nicht

„Warum? das Krähn ist ja bey unser einem Pflicht;

„Und sollt es auch die Trägheit oft verdrüßen,

„Umsonst gab Frau Natur mir die Talente nicht,

„Das goldne Morgenroth, indeß ihr schlaft, zu grüßen." —

Ihr Götter des Olymps! mein Haushahn denkt und spricht. —

„Micyll, ein Kopf wie du — so ein Verstand — und zittert

Vor

„Vor einem Hahn! Du weißt ja nicht, Sophist,

„Ob ich nicht morgen Mensch, du morgen Haushahn bist?

„Ich, wie du mich hier siehst, war, ohne Ruhm zu melden,

„Ein Freund von Königen und Liebling großer Helden,

„Kein Diogen, kein Cyniker im Faß;

„Ich Haushahn war Soldat, Weib, Pfau, Pythagoras.

„Und überhaupt — ists denn ein Wunder und Verbrechen,

„Daß ein gescheidter Hahn, ein Grieche, Prosa spricht?

„Kennst du Achillens Götterpferde nicht?

Die

„Die in Hexametern, wie Zevs, Orakel
sprechen?
„Wie, oder tadelst du den göttlichen
Homer?
„Bist du mehr Philosoph, als Pytha-
gor und Er?" (1)

———————

(1) Συ μοι δοκεις, ω Μυελλε, κομιδη ἁπαις
δευτος εἰναι, μη δε ἀνεγνωκεναι τα Ὁμηρε
ποιηματα. ἐν οἷς ὁ του Ἀχιλλεως ἱππος ὁ
Ξανθος, μακρα χαιρειν φρασας τῳ χρεμετι-
ζειν, ἑστηκεν ἐν μεσῳ τῳ πολεμῳ διαλεγο-
μενος, ἐπη ὁλα ῥαψῳδων, οὐχ ὡσπερ ἐγω
νυν, ἀνευ των μετρων. — Luc. l. l.

Astulph.

Astulph.

Quid, caput abscissum demens cum
portat Agaue
Gnati infelicis, sibi tum furiosa vi-
detur?
Horat. Sat. Lib. II. 3.

Des ritterlichen Flugs gewohnt,
Stieg Astulph auf vier Feuerrossen
Hinauf ins Land der Scholien und
Glossen,
Der Abentheuer und der Possen,
In Ariosts geheimnißvollen Mond,
Wo der Verstand so vieler Thoren,
Von edlem und von neuem Blut,
Den sie durch Spiel, Stolz, Lieb und
Wein verloren,
In Flaschen fest versiegelt ruht.

Hier

Hier liegen die Ideen bepurperter Prä-
laten,
Bey den Ideen Erobrer großer Staaten,
Beym Mufti, und beym Cardinal,
Des Philosophen Hirn, der sein System
erstahl.
Da duftet der Geschmack erkaufter Jour-
nalisten,
Beym dicken Nervensaft traumreicher
Pietisten. —
Stolz, wie ein Hudibras, geht Astulph
aus dem Thal
Der luftigen Erscheinung, in dem Saal,
Den man ihm öffnet, auf und nie-
der,
Und blickt auf tausend seiner Brüder,
Mit einem edlen Mitleid nieder. —
„Auch Sie, Herr Admiral,

l „Mit

„Mit ihrem Heldenmuth? — Das ist
kaum zu vergeben. —
„Doch hier ist Roland — Schön! Tich,
Ritter, such' ich eben. —
„Herr Castellan, es thut mir leid
„Euchs zu gestehn, daß Seine Herr-
lichkeit
„Des Ritter Rolands Hochgebohren,
„Durch Angelinens Reiz schnell den
Verstand verloren —
„Wär es erlaubt, so trüg ich dieß Gehirn,
„Das ihr hier seht, zurück in seine
Stirn." —
Ganz zu Befehl — Schon greift Sir
Astulph nach der Thüre.
Halt! rief der Castellan, dort unten,
Nummer viere,
Beym Eingang, linker Hand,
Liegt noch ein trefflich Theil Verstand.

Ehe-

Chevalier, vielleicht ist euch der Mann
bekannt;
Laßt euch die Mühe nicht verdrüßen. —
Der Ritter geht und liest: „Gehirn des
Astulphs — Nein,
„Beym Bacchus, Freund, das kann nicht
seyn!
„Ich wär' ein Narr? und sollte das nicht
wissen?" —
Lernt, rief der Castellan, hier in dem
Mond: Ein Thor,
Der durch den Stolz sein ganz Gehirn
verlor,
Wird es am wenigsten vermissen.

―――――――

Ariost

Ariost und Horaz.

Seltsam sind bisweilen — man wird mir erlauben, die obige Betrachtung fortzusetzen — die kühnen Allegorien der Dichter auch gebildeter Nationen; besonders derer, wo spitzfindige Weltweisheit, Vorurtheile der natürlichen und künstlichen Magie, sich mit satirischen Witze, National-Partheylichkeit, Zweifelsucht und traumreicher Begeisterung vermischt.

Man lasse sie seltsam seyn, wenn sie nur lehrreich sind, und wenn die Laune eines philosophischen Kopfs Thorheiten der Menschen in das gehörige Licht stellt.

Ich gönne dem Ritter Astulph seinen Rubikan und Hippogryph, die Reise nach Aethiopien, die Kämpfe wider Harpyien

pyien des Calais und Zethes, den Pallast von funkelnden Steinen, der mit dem Pyropus (¹) des Sonnengebäudes wetteifert, und den heiligen Johannes mit silbernem Barte und purpurfarbnem Mantel, zum Begleiter im Mond; wenn er nur auf seiner seltsamen Reise eine Wahrheit zurückbringt, die den menschlichen Stolz demüthigen, und uns auf eine Erfahrung aufmerksam machen kann, von der ein Theil der wahren Glückseligkeit abhängt. — Doch lieber die Ariostische Stelle selber, nach dem Auszuge des vortrefflichen Meinhards. (²)

„Nach ihrer Ankunft wurde der Rit„ter von dem Apostel in ein Thal geführt, „das zwischen zween Bergen eingeschlossen „liegt,

(1) Siehe Ouid. Met. lib 2. init.
(2) p. 352.

„liegt, in welchem alles dasjenige wunder-
„barer Weise verwahrt wird, was ent-
„weder durch unsre Schuld, oder durch
„die Schuld der Zeit, und des Glücks, auf
„der Erde verloren geht. — Vieler
„Ruf ist dort oben, den die Zeit, gleich
„einem Wurme, nach und nach hier un-
„ten zernagt. Auch sind unzählbare
„Gebete, und Gelübde da, — die Thrä-
„nen und Seufzer der Verliebten, die
„unnütze Zeit, die man im Spiele ver-
„schwendet. — Er sieht einen Berg
„von aufgetriebnen Blasen, unter denen
„alles voll Geschrey und Tumult zu seyn
„scheint, und erfährt, daß es die alten
„Kronen der Aßyrer, Indier, Perser und
„Griechen waren, die vor dem so berühmt
„gewesen, und jetzt kaum ihren Namen er-
„halten. — Unter Kränzen liegen ver=
„borgne

„borgne Netze. Der Ritter fragt, und ver-
„nimmt, daß es lauter Schmeicheleyen sind.
„Verse, die zum Lobe großer Herren ver-
„fertigt worden, liegen hier in Gestalt
„zerplatzter Heuschrecken.

„DI cicale scoppiate immagine
 hanno
„Versi, ch' in lode dei Signor si
 fanno. —

„Kurz alles, was wir haben, ist da:
„nur die Thorheit nicht — denn sie
„bleibt beständig bey uns." — Und hier
findet der Paladin ganze Berge von
Verstand. — „Er war wie ein leichter
„flüßiger Spiritus, der leicht verraucht,
„wenn man ihn nicht wohl ver-
„schlossen hält. Man sah ihn hier in ver-
„schie-

„schiedenen Flaschen (in vario ampolle) „verwahret, die zu diesem Gebrauche ge- „schickt waren. —

Nicht weit von der Flasche, in der der große Verstand des Orlando verschlossen war, fand der Engländer auch einen ansehnlichen Theil des Seinigen —

> Del suo gran parte
> vide il Duca Franco —

So weit Ariost.

Er findet ferner unglückliche Liebeshändel, in der Figur goldner Knoten und diamantner Ketten — Ruinen von Städten und Schlössern unter einander geworfen, sind Tractaten und Verschwörungen — Schlangen mit jungfräulichen Gesichtern, das Werk der Betrüger und zerbrochne Fla-

Flaschen, das Ebenbild der elenden Hofdienste.

> Poi vide bocce rotte di più
> sorti,
> Ch' era il servir de le misere
> corti.

Doch ich sage mit Ariost,

> Lungo sarà — se tutte in verso
> ardisco
> Le cose, che gli fur quivi di-
> mostre. — (¹)

---

(1) Es würde zu lange dauern, wenn ich alles in Verse bringen wollte, was ihm hier gezeigt wurde. —

Horaz.

Horaz.

In der dramatischen Satire, in welcher Damasipp, der Kunstkenner, und Stertinius, der Phllosoph, nicht ohne lachen Nachahmung der stoischen Grundsätze, über die Allgemeinheit des menschlichen Unsinns philosophiren, und mit geistreichen Anspielungen auf Geschichte, Fabeln und Anekdoten ihres Zeitalters, Originale des Geizes, des Stolzes, der Verschwendung, der unsinnigen Liebe und des Aberglaubens, treffend, und mit Theophrastischer Laune zeichnen (¹), kommt

(1) Siehe z. B. das Grabmal des Staberus, v. 94. im Kontrast mit der Verschwendung des Aristippus; den sterbenden Geizigen, der Canitzen die erste

kommt Horaz durch eine Wendung, der nichts an Naivität gleicht, auf sich selber. —

„Stoiker, sagt er, weil nach deinem
„System es mehrere Arten von Narrheit
„giebt, entscheide, von welcher Art, glaubst
„du, ist die meinige; denn ich bilde mir
„nun so ein, ganz vernünftig zu seyn."

Was beweißt das? Agave (¹) in der Wuth

-erste Idee seiner launigten Satire gab; die lachende Parodie des Sophokleischen und Lucretianischen Agamemnon; die glückliche Nachahmung des Terentianischen Liebhabers; den von Persius nachgebildeten Charakter einer abergläubischen Mutter u. s. w.

(1) Siehe den letzten Auftritt der Euripibeischen Bacchantinnen.

Wuth trägt den abgerißnen Kopf ihres unglücklichen Sohnes. Glaubt Agave in diesem Augenblick rasend zu seyn? Und sie hat ihn selber ermordet.

„Ich gestehe es, man muß der Theo-
„rie nachgeben, daß ich ein Narr, und
„vielleicht ein unsinniger Narr bin; nur
„eins, Damasipp, entscheide, von wel-
„cher Art ist meine moralische Krank-
„heit?" —

Du willsts, so höre. Vor allen andern — du baust; das heißt: der kleine
Horaz, von unten bis oben zween Fuß
hoch, brüstet sich, wie ein Großer, und
lacht doch so mitleidig über den kleinen
Fechter Turbo, wenn er in Waffen mit
einem zu stolzen pathetischen Schritt einhergeht.

Bist

Bist du weniger lächerlich, als Turbo? — Ists wohl vernünftig, daß du dir alles erlaubst, was Mäcen thut; du, der du ihm so ungleich bist, und so wenig Kraft hast, dich mit ihm zu messen? Denk an die Aesopische Fabel von dem Frosche. (¹) Non si ruperis.

(1) Durch diese kleine Fabel, die Fabel von der Land- und Stadtmaus, und durch die komische Erzählung von Philippus und Mänas, die das Original des Savetier von La Fontaine ist, hat Horaz gezeigt, wie vortrefflich er in dieser Gattung war. — Phädrus erzählt sie nach einer andern Erfindung; doch, wo ich nicht irre, übertrift ihn Horaz im Naiven und im Dialog. Ueberhaupt kann ich mir die Muthmaßung nicht versagen, daß Phädrus, und seine trefflichsten Nach-
folger

ruperis. Das Bild paßt trefflich auf dich. Setze hinzu, daß du Verse machst — Das heißt Oel ins Feuer giessen — Wenn überhaupt jemand, ohne ein Narr zu seyn, Poet seyn kann; so sollst dus auch seyn. (¹). Ich sage noch gar nichts von deinem rasenden Jachzorn —

„Hör einmal auf" —

Von der Pracht, die dein Vermögen übersteigt —

Befolger aller Nationen, sich durch die Sermonen und Briefe des Horaz so gebildet haben, wie er durch das Theater des Aristophanes, den Aesop und Archilochus.

(1) Eine feine Anspielung auf die Begeisterung und den hohen Enthusiasmus der Dichter im Aristophanischen Ton, die in dem Munde des Stoikers doppelt schön ist.

„Bekümmre dich, Damasipp, um
„deine eignen Umstände" —

Tausend Narrheiten mit Mädchen,
und —

„O größrer Narr, schone den klei-
„nern."

Täuscht mich nicht meine Begierde, in den Werken des Geistes auf die ersten Quellen zurückzugehen; so hat wahrscheinlich Ariost die erste Idee seines Astulph vom Horaz entlehnt. Denn ihn lehrte, nach seinem eignen Geständniß, Gregorius von Spoleti die schönen Geheimnisse der beyden Sprachen.

Tenea d' ambe le lingue i bei secreti,
E potea giudicar, se miglior tuba
Ebbe il figliuol di Venere, o di
Teti. (¹)

Der

(1) S. Meinhards Versuche, im 2. B. p. 132.

Der Morgen in Wildenfels.

Sey mir gegrüßt, du einsamer Wasserfall, der du, gleich dem reizenden Quell der Albunischen Grotte, von dem steilen Berge in die schäumende Mulde rauschend herabsinkst. Wie einst Haller ihn maß und abwog, so denke ich hier den großen Gedanken der Ewigkeit unter herabhängenden Felsen (¹) einer deutschen ehrwürdigen Alpe.

Steht er nicht da, lispelt mir ein freundlicher Geist zu, als würd er nie fallen; und er fällt doch.

Sanft murmelnd strömen die lieblichen

---

(1) Siehe das erhabne Fragment über die Ewigkeit, nach der Berner Ausgabe von 1777. p. 212.

chen Wellen, die ihn unmerkbar zermalmen, herab in den Strom, um sich in dem unermeßlichen Meere zu verlieren. So reißt auch mich, vielleicht bald, der gewaltige Strom der Zeit in das Meer der Ewigkeit hin. Gönne mir da, o Himmel, ein kleines Eyland, aus dem ich still deine Wunder betrachte, und zürne nicht über meine irrdische Schwachheit!

Seyd mir gegrüßt, ihr freundlichen Thäler, und du kleiner lachender See, den die aufgehende Sonne vergüldet, und dessen ruhige Oberfläche der Westwind mit seinen sanften Fittigen lieblich umrauscht!

Umschatte mich noch einmal, waldigter Fels, dessen furchtbare Stirn die gefälli-
M ge

ge Kunst durch lachende Gärten erheitert, ohne die großen heroischen Züge der ehrwürdigen Natur zu verdrängen. Was empfand nicht mein jugendlich Herz in den lieblichen Lauben, die der freundliche Jesmin und der gesellige Epheu umwand. — Feyerliche Einsamkeit, ehrwürdige Stille, Unschuld ländlicher Sitten, begeisterte Tonkunst, tiefe Betrachtung der Wahrheit, Milde ohne Stolz, attischen Scherz, Schönheit und Grazie mit reiner Tugend vermählt, alles, was die sparsame Natur in weiten Bezirken vertheilt, drängte sie hier wohlthätig zusammen. —

Hier, wo mehr als einmal, Oeser, dein forschender Blick den Berghem und Vernet vergaß, und neue Nahrung des schöpferischen

schen Geistes fand — Hier, wo dein weiches empfindendes Herz, unsterblicher Kleist, gerührt von dem sanftesten Anblick, freundliche Thränen vergoß: kurz vor dem schrecklichen Tage, da der verwaiste Frühling seinen zerschmetterten Dichter beweinte — Hier, wo in dem Arm einer zwoten Sevigne die Dichterin Jeanette, unter dem Schatten der lieblichen Grotte, hoch auf dem Felsen, den silbernen Quell belauschte, der sich rein, wie ihr heiliges Leben, ergoß. — O! warum vermiß ich, kleines Elysium, diese erhabene, sanfte und edle Seele?

Einsamer Marmor, der du den heiligen Staub deckst, nimm das Opfer meiner dankbaren Thränen, und eines

länd-

ländlichen Liedes, das ich, von dieser edlen Seele begeistert, unter dem Felsen hier sang, als mein junges ruhiges Herz, unbekannt mit dem Stolze der Welt, weich durch die Natur und meinen Gellert gebildet, Thränen der ruhigen Unschuld und Freude vergoß.

Der Lord und der Einsiedler.

Mehr mit dem Reiz der Welt, als der
Natur bekannt,
Gieng einst ein junger Lord von London
auf das Land;
Doch sein wollüstig Herz empfand
In süssen Melodien, auf die die Hirten
lauschten,
In Strömen, die herab von öden Felsen
rauschten,
Die unsichtbare Gottheit nicht,
Die aus dem Strom und durch den
Donner spricht.
Neugierig klimmt der junge Britte
Hinauf zu einer kleinen Hütte,
In der froh, wie ein Frühlingstag,
Ein jugendlicher Greis auf frommen
Knien lag.

Thor, sprach der Lord mit einer stolzen
Miene,
Welch eine Wolluſt giebt dieß öde Felſen-
ſtück,
In ſeinem furchtbaren Ruine?
Blickſt du nicht oft mit Neid auf Londons
Pracht zurück?
„Ich, Mylord? Nein, nicht einen Augen-
blick.
„Die ſtolze Stadt, die euch und mich
gebohren,
„Treibt mit Vernunft und Wahrheit
öfters Spott,
„Wer denkt bey eurer Pracht an Gott?
„Fragt einen von den weiſen Thoren,
„Die unter Lerm, Pracht und Ge-
wühl,
„Das erſte menſchliche Gefühl

Der

„Der ländlichen Natur verloren,

„Fragt ihn, wer baut dieß Haus aus
 Meilands Marmor?" — Ich —

„Was kostet es?" — Nicht ganz zwo
 Millionen. —

„Wer gab den Reichthum dir, wie ein
 Monarch zu wohnen?"

Der König — „Er? warum?" —
 der König liebte mich.

„Woher nahm er das Gold?" — Von
 seinen Unterthanen. —

„Woher der Unterthan?" — Durch
 Handlung übers Meer. —

„So weit hohlt ihr den Grund zu euerm
 Reichthum her?

„O, laßt mich fromm und arm auf meinem Felsen wohnen.

M 4 „Ein

„Ein jeder Zephyr, der mit meinen Locken
spielt,
„Der Silberquell, der meine Zunge
kühlt,
„Das Veilchen, das vor meinen
Blicken
„In einer Nacht sich durch den Rasen
wühlt,
„Erweckt unmittelbar mir Dank, und mir
Entzücken.
„Hier hab ich einen Gott, den ich bey
euch nicht fand,
„Verzeiht den Ausdruck mir, warm aus
der ersten Hand." —

Gnädiges Fräulein!

So viel reife Beurtheilung, und so kritische Richtigkeit, Gnädiges Fräulein! verzeihen Sie mir dieses offenherzige Geständniß, hatte ich von einer aufblühenden reizenden Schönheit nicht erwartet. — Aber so ists., die Natur handelt, wie eine Monarchinn, unumschränkt, bricht bisweilen die Gesetze durch, die sie selbst gab, und vertheilt ihre Ordensbänder und Gunstbezeigungen an ihre Lieblinge, ohne Rücksicht auf das Alter.

Sie sind also eine Feindinn des stolzen schwülstigen Tons, der sich unter der Miene der Neuheit in unsere Dichtkunst schleicht, und hassen von der andern Seite den pöbelhaften Witz, der sich unter der Gestalt der Freymüthigkeit ankündigt. — Ihrem Namen, weil Sie dieß sind, sey das kleine Gedicht heilig, das Ihre gestrige Unterhaltung veranlaßte.

Daß Ihnen das weiche, schmelzende, mit einem sanften Fanaticismus und mit Wonne erfüllte Gemälde der Einbildungskraft nicht mißfallen konnte, sah ich voraus: denn eine Seele, Fräulein, wie die Ihrige, mußte den Werth dieser lehrreichen Illusion fühlen, und mit Akensid sympathisiren.

Morgen sende ich Ihnen den Dorat. Man glaubt, Garrick, die Clairon, und
wel-

welches eins ist, die Natur auf der Bühne zu sehn. —

Noverre selbst muß sich seiner Kunst freuen, wann er sie da in allen männlichen, starken, und in den milden und sanften Zügen erblickt. — Sie, mein Fräulein, in der die Natur eine zwote Clairon anlegte, werden diese Harmonie der Gedanken = und Geberdenspiele, die die Seele des Theaters ist, bis auf ihre kleinsten Nuancen und Reize entdecken. Die weiche Biegsamkeit Ihres leichten ätherischen Körpers, das glänzende Feuer Ihres redenden Auges, der Anstand und der Gang Ihrer Stellung, alles

les war fähig, einen deutschen Dorat (¹) zu bilden. —

―――――

(1) Siehe La déclamation théâtrale, Poëme didactique en trois chants, precedé d'un discours. a Paris, 1766. Geziert mit trefflichen Kupferstichen von der Erfindung des Herrn Eisen und der Hand des Herrn Ghendt. Der beygefügte vierte Gesang dieses vortrefflichen Gedichtes beschäftigt sich mit der Tanzkunst, deren Geschichte der Verfasser zugleich in einer eignen Abhandlung erläutert.

Der Papagey und die Nachtigall.

Zwen Sommer hatte schon in goldner
Sklaverey
Umsonst, von dem Gefühl der Zärtlichkeit
durchdrungen,
Die schönste Nachtigall, warm, uner-
schöpflich, neu,
Ihr weinend Lied der Daphne vorgesun-
gen.
Ein kleiner lieber Papagey,
Grün wie die Frühlingssaat, und reizend
wie der May,
Kam aus Ostindien. Was lernt man
nicht auf Reisen!
Er stammelte drey Nationen nach,
Und ich getraue mirs durch Zeugen zu
beweisen,

Daß

Daß er Französisch, Deutsch, und etwas
Englisch sprach.

Wahr ists, daß er, um Daphne liebzu-
kosen,

Herabfällt in den Ton der trunkenen
Matrosen,

Und bey der Tafel selbst, vom Läufer kaum
belacht,

Durch platten Wiz sich unausstehlich
macht;

Allein der gute Ton, mit dem er alle
Teufel —

Cospetto — Teteblen — auf einer Klaue
schwor,

Gewann ihm sonder allen Zweifel
Das Lob des feinern Kopfs. — Die
Nachtigall verlor

Bey

Bey Daphnen ihren Reiz, die Melodie der Töne,

Talent, Natur, Gefühl, nichts rührte mehr die Schöne,

Denn ihr durch Kakatu zu sehr verwöhntes Ohr —

Was kann der Neuheit nicht gelingen? —
Zog den Ostindier der deutschen Einfalt vor.

Drey Monden flohn, getragen auf den Schwingen

Des buhlerischen Lenz, zum Gott der Zeit empor,

Und des gereisten Schwätzers müde,
Stand Fräulein Daphne, wie zuvor,
Gerührt, erstaunt, entzückt, bey Philomelens Liebe.

Oft wird dein Reiz, Natur, durch Unsinn unterdrückt,
Und der Geschmack, in seiner besten Blühte,
Durch seltne Barbarey erstickt;
Allein, er siegt zuletzt durch Wahrheit und durch Güte,
Und sein Triumph bezaubert und entzückt.

―――

Unold

Unold und Trambo,
oder der gestrafte Hochverrath.

Un. Bist du ein Mann? — Tr. Ich
bins —

Un. Hältst du's für ein Verbrechen,
Ein leidend Volk durch einen Dolch zu
rächen?
Ein Volk, das ein Tyrann, von sich
allein entzückt,
In seinem trunknen Stolz muthwillig
unterdrückt? —
Tr. Nein. Un. Nun so folge mir.—
Dort in dem dunklen Schatten
Des Hayns, schläft der Monarch. — Die
öde Mitternacht
Rauscht einsam' über ihn. Muth, Tram-
bo! — Ganze Welten,
Zermalmt von hoher Macht,

N Ent-

Entstürzen dem Olymp, und sinken auf das
Schelten.
Der Allmacht. — Gegen eine Welt.
Was ist ein König? Geh, sey frey, und
sey ein Held —
Tr. Ja, — und um frey zu seyn, will
ich mich nicht empören,
Nicht wider den Gesalbten Gottes mich
verschwören,
Die Mordsucht und den Hochverrath
nicht hören.
Komm, Unold, kenne mich,
Mein Dolch ist schon gezückt. —
Un. Auf wen? — Tr. Tyrann,
auf dich,

Der Monarch und der Prinz.

Noch, König, ruht in deiner weisen Hand
Die große Waagschaal. — fodre Frieden. —
„Ein Feiger nennet Furcht Verstand,
„Und Zaudern Klugheit. Meine Hand,
„Mein Muth, mein Herz hat für das Vaterland,
„Was ich ihm schuldig bin, entschieden."
Monarch, vom Süd zum West umströmen Waffen dich;
Wie, wenn dein letztes Heer im eisern Schlachtfeld wich?

Auf wen vertrauteſt du? — „Auf
 wen? Auf Gott, und mich —
„Wird mein gerechter Krieg den Lorbeer
 nicht erwerben,
„Empört die Welt ſich wider mich,
„Prinz, wer nicht ſiegen kann, kann
 ſterben.“

Die ertrunkne Frau.

Je ne suis pas de ceux qui disent:
Ce n'est rien,
C'est une femme qui se noie.
Je dis que c'est beaucoup; et ce sexe
vaut bien,
Que nous le regrettions, puisqu'il fait
notre joie. —

———————

Ich unglücksel'ger Mann! Was kann
ich mehr verlieren,
Als ich durch dich, mein süßes Weib,
verlor?
Euch, Felsen, muß mein Schicksal rüh-
ren!
Ihr Fluten werdet lauter Ohr,
Und tragt aus eurem Schooß mein liebes
Weib empor!

Um eine Kleinigkeit sich in den Strom zu stürzen,
Das schönste Leben zu verkürzen;
Wer hätte das von Lucien gedacht?
Verdammter Zorn, der mich um sie gebracht.

Ich Grausamer! So war es ein Verbrechen,
Mit einem jungen schönen Mann,
Der gut gewachsen ist, und artig schwatzen kann,
Durch einen stillen Blick zu sprechen?
Wenn sich um solche Kleinigkeit
Die Damen unsrer Stadt ins Wasser stürzen wollten,
So seh ich nicht, wie wir in kurzer Zeit
Ein junges Weib behalten sollten.

So

So sprach Neran, und lief am Ufer hin
und her, —
Auf sein Geschrey, und nicht von unge=
fähr,
Wie in der Fabel oft; kam Kunz der
Nachbar her,
Und der Gevatter Hinz. Ihr Herrn, —
ich bitt' euch sehr,
Versuchts, ob wir sie finden können.
Ich will ihr wenigstens die Ruh im
Grabe gönnen,
Und einen Marmorstein
Dem unglückselgen Körper weihn.
„Geht nach dem Strom, rief Kunz, denn
das läßt sich wohl schliessen,
„Daß sie der Strom, der, wie ihr seht,
„Vom Berge durch die Thäler geht,
„Mit sich hinab gerissen."

Gevatter! sprach Herr Hinz, ihr denkt
gewiß nicht dran,
Wenn ich euch rathen soll, geht frisch
den Strom hinan. (¹)
Trotz aller Macht der Wellen und der
Fluthen,
Hat sie, — wie sichs für eine Frau ge-
bührt, —
Der Geist des Widerspruchs gewiß hin-
auf geführt;
Sonst wär es wider die Statuten. —

---

(1) — Non, ne le suivez pas,
Rebroussez plûtôt en arriere.
Quelle que soit la pente & l'inclina-
tion
Dont l'eau par sa course l'emporte,
L'esprit de contradiction
L'aura fait flotter d'autre sorte.
De la Fontaine. Liv. III. Fab. 16.
Milton.

Milton.

Ists möglich, Milton, dich?
Du königlicher Britte,
Ruhm deines Volks, der Dichtkunst
Stolz, find ich
Blind, arm und unbekannt, in einer öden
Hütte?
Was half es dir, o Greis, den großen
Bau der Welt,
Auf den erhabnen Schwingen
Der hohen Phantasie zu öffnen, zu
durchdringen,
Und Völkern, von dem Weltmeer bis
zum Belt,
Geheimnisse des Himmels vorzusin-
gen —
Was half es dir, daß dein heroisch
Lied,

Bald mit der Unschuld weint, jetzt von
Empörung glüht?
Bald wie ein Nordsturm braußt, die
Hölle zu entriegeln,
Und die siegreiche Rache Gottes zu be=
flügeln.
„Die Nachwelt prüft allein den Flug
und den Gesang.
„Der Beyfall eines Geists, Freund, ist
kein Werk der Mode.
„Homer erlebte nicht Bewunderung und
Dank
„Der Griechen, für den göttlichen Ge=
sang,
„Durch den er in die Nachwelt drang;
„Er ward Homer nach seinem Tode.

Mil=

Milton.

Dieses große, und von der erhabensten Einbildungskraft erwärmte Genie, dessen Bild Dryden, Addison und Baile im Tempel der Epopee bey den Büsten des Homers und Virgils aufstellen, war ein Opfer der Politik, und des republikanischen Enthusiasmus, mit dem er den Königsmord, die Sache Cromwels, und des Parlaments vertheidigt hatte.

So wenig Eindruck auch die frostige Deklamation des Dichters gegen Carl Eduard, und seines eben so trocknen Gegners, Salmasius, auf den Kenner der wahren Staatskunst machte; so verhaßt war
doch

doch natürlich an dem prächtigen und wollüstigen Hofe Carls des Zweyten, in einer Zeit, wo Wallers Weichheit, der satyrische Geist des Grafen Rochester, und der naive Witz eines Cowley den Ton herabstimmten, ein tiefdenkender feyerlicher Poet, der zugleich troß, der Amnestie, als eine Creatur des Protektors unmöglich einen Anspruch auf den Schutz des neuen Königs machen konnte.

„Er war arm, sagt Voltaire, verlassen und blind, und dennoch behauptete er den Muth, das große epische Werk vom verlohrnen Paradiese auszuführen, dessen erste Idee (so seltsam sind die Quellen großer Genies) er aus einer elen-

elenden, aber mit Einbildungskraft entworfnen, Tragicomödie eines italiänischen Schauspielers schöpfte. Sein verlohrnes Paradies, ein Meisterstück der epischen Erfindung, fand indeß vor dem geistreichen Auszug des Lord Summers Atterbury, des vortrefflichen Abbisons, und der Uebersetzung des du Prè de St. Maur, in England und Frankreich wenig Bewunderung.

Milton, der seinen Ruhm nicht erlebte, und sich mit dem innern Gefühl der sichern Unsterblichkeit seiner Verdienste, für die Verachtung seines Zeitalters, schadlos hielt, verkaufte nach der Anekdote des Voltaire seine Handschrift für dreyßig Pistolen; die den
Erben

Erben des Tompson ungeheure Summen nach dem Tode des Dichters eintrugen. (1).

———

(1) Siehe Baile in dem Artikel Milton. Voltaire im essai sur la poesie epique, und in Rücksicht auf Homer, Popens Leben und Blakwells Enquiry into the Life and Writings of Homer, London 1736.

Lucan

Luson.

oder die falsche Politik.

Wie oft verdrängt der Stolz, vermählt
             mit Aberglauben,
Aus stillem Neid, aus falscher Politik,
Den Reichthum einer Republik,
Und raubt dem Staat, was ihm nicht
         Krieg und Waffen rauben.

Trotz den Vulkanen, die in ihren Ber-
            gen glühn,
Und Sturm und Erderschütterungen,
Sah einst Guinea Luson blühn,
Der Inseln-Königin, die Spanien be-
            zwungen.

Einefer hatten sich durch Gold, und Wirk=
samkeit,
Und Handlungsgeist das Bürgerrecht
errungen,
Und, unter friedlichem Genuß,
Zu königlichem Ueberfluß
In Spanjens Schutz empor geschwun-
gen.
Ihr Beyspiel und ihr Fleiß entflammt
den trägen Muth
Der Insulaner mehr, als das erworbne
Gut.
Fabrik und Handlung blühn, Kunst und
Erfindung streiten,
Wetteifernd ihren Geist durch Lufon zu
verbreiten.
Mit stillem Neid warf auf der Fremden
Glück,

Ein

Ein träger Spanier den eifersüchtgen Blick;
In seinen Augen war ihr Wohlstand ein Verbrechen,
Ihr Ueberfluß ein stiller Hohn,
Und diesen königlich zu rächen,
Verläumdet er sie vor dem Thron,
Als Feinde der Religion,
Und wußte sich durch List den Auftrag zu erschleichen,
Sie aus der Insel zu verscheuchen.
Auf seinen Wink erscheint, versammlet auf dem Saal
Des glänzenden Pallasts, schon von dem Ruf erschüttert,
Die reiche Colonie; vernimmt am Tribunal,
Ihr Urtheil, und erzittert.

O Hat

„Hat ein Sineser, Graf, sich freventlich
erkühnt,
„Sprach ein ehrwürdger Greis, mit Spa-
niens Gesetzen
„Die Majestät des Königs zu ver-
letzen,
„Und haben wir der Insel Zorn ver-
dient?" —
Nein — „Weißt du, daß in unsern
Händen
„Zwo Millionen sind, daß es, so schlau
ihr wacht,
„Ganz steht in unsrer Macht,
„Sie nach Europa zu versenden?" —
Gehorcht und schweigt; denn der Monarch
gebeut —
„Der König ist gerecht; und diese Grau-
samkeit,

„Don

„Don Auba, lehrte dich die Armuth und
der Neid —

„Wir gehn, die Seegel schnell zu rüsten,

„Und tragen unser Gold aus Lusons stolzen Wüsten,

„An edler Britten freye Küsten.

„Du aber, Spanier, du willst es einmal
so,

„Leb wohl beym Ananas und deinem
Kakao." (1)

---

(1) Von der Natur, Pflanzung, Zube-
reitung und Gebrauch des Kakao siehe
Dictionnaire d'histoire naturelle, par
M. Valmont de Bomare, à Paris 1769.
im Artikel: Kakao, vergl. mit Sonnerats Reise nach Neu-Guinea, pag.
101. u. f.

Luson. (¹)

Diese theoretische Reisebeschreibung beschäftigt sich vorzüglich mit Beobachtungen und Entdeckungen des Thier- und Pflanzenreiches. Die Handzeichnungen des Sonnerats sind, nach dem Urtheil der Naturkenner, treu und schön. — Indeß findet auch der psychologische und mo-

---

(1) S. Voyage à la nouvelle Guinée, dans lequel on trouve la description des Lieux, des Observations physiques & morales, & des détails relatifs à l' Histoire Naturelle dans le Regne Animal & le Regne Végétal. Par M. Sonnerat, Sous-Commissaire de la Marine &c. Enrichi de cent vingt Figures en taille douce. A Paris chez Ruault, Libraire, rue de la Harpe. MDCCLXXVI.

moralische Leser, einige characteristische Züge und Beobachtungen, die die Geschichte der Menschheit aufklären, besonders in der Beschreibung der von Franciskus Magellanus im sechzehnden Jahrhunderte zuerst entdeckten Philippinischen Inseln.

Irre ich nicht ganz; so ists ermunternd für den Menschen, der doch immer bey allem Abstand, den Geburt, oder zufällige Hoheit veranlaßt, das ursprüngliche Gleichgewicht der Natur fühlt, und in einer kleinern Sphäre, nach dem Verhältnisse der Macht und Lage, etwas zu der Vervollkommung des Ganzen beytragen will; wenn man ihn aufmerksam auf eigne, angeborne Kraft macht, und ihn errathen läßt, daß die Vorsehung, und die ihr untergeordnete Natur, Talente und Schätze willkührlich vertheilt; wenn man sorgfältig die Wirksamkeit thätiger Seelen entfernter Völkerschaften zusammenstellt, und die Fähigkeiten erhabner Ideen nicht auf einen Geist einschränkt.

Dahin gehört die unerwartete, aber interessante Parallel des Königs der Insel Yolo mit Peter dem Großen. —

„Es hat, sagt der Autor, vielleicht „dem König von Yolo nichts gefehlt, „als Staaten, die er beherrschen konnte, „und Macht genug, um in Indien das „Schauspiel zu erneuern, das Peter der „Große in Europa gegeben hatte. Diese „beyden Männer, der eine wie der andre, „in einer damals rauhen Nation gebo-
„ren,

„ren, ohne Erziehung, ohne Beyspiel,
„nach dem sie sich bilden konnten, von der
„Natur begeistert, und von ihrem eignen
„Genie geleitet; folgten in ähnlichen Um-
„ständen, aber mit ungleicher Macht, glei-
„chen Ideen. Der König von Yolo
„stieg von seinem Thron herab, um
„herrschen zu lernen. Er wendete den
„ersten Theil seiner Regierung auf Rei-
„sen, begab sich gleich darauf nach Ba-
„tavia, verbarg daselbst seinen Namen
„und den Rang eines Königs; lernte
„von den Steuermännern die Wissen-
„schaft ein Schiff zu regieren; studirte
„den mechanischen Theil der Schiffsbau-
„kunst, kaufte kunstreiche Instrumen-
„te, die man zu dieser Absicht braucht,
„so wie die Maschinen zum Ackerbau,

D 4 „und

„und brachte in sein Vaterland einen
„Schatz von Beobachtungen zurück, von
„dem ein Theil seiner Glückseligkeit, in
„Rücksicht auf Bevölkerung, Kunst und
„Art abhieng."

Die Aehnlichkeit steigt noch höher durch die Bemühung des Königs, die Wissenschaften und das Genie seines Volks aufzuklären. — Er geht nach Mecca, studirt das Gesetz des Mahomeds, in dem wenigstens eine Analogie von Politik, und der Geist verschiedener Religionen, obgleich in einem falschen Lichte, gezeigt wird. Er lernt Arabisch, eine Sprache, die, wegen ihrer mit Griechenland verwandten Litteratur, zu der Aufklärung seines Geistes nothwendig beytragen mußte, und baut auf die
Trüm=

Trümmern derselben sein kleines Staatssystem. So erbaut das neue Rom aus abgebrochenen Steinen eines Colisee, auf die Ruinen eines Tempels, ein modernes Gebäude, und befestigt mit einem kupfernen Nagel, der zwo Câlaturen der Säule Trajans vormals zusammenhielt, das Portal einer kleinen Villa. (¹) Man fängt nicht gleich mit Karyatiden und Jonischer Kunst an, und die Natur bildet nicht auf einmal Vitruve. — Der König von Yolo fängt mit arabischen Zahlen und Buchstaben an, und würde

viel-

---

(1) Nach der Anmerkung einiger theoretischen Reisenden, brauchte man oft die Ruinen der herrlichsten Gebäude des Alterthums aus Mangel zu neuen architektonischen Meisterstücken.

vielleicht mit einer Akademie der höchsten Mathematik aufgehört haben, hätten ihm nicht die Reichthümer seines kleinen Landes, eine Mine von Diamanten, die Eifersucht verschiedener mächtiger Nationen zugezogen, deren Aufmerksamkeit durch eben diese glücklichen Talente des jungen Königs gereitzet wurde. — Man erkennt gar leicht den unermeßlichen Abstand vom Genie, Macht, und Talenten Peter des Großen, dessen erhabne Plane die siegreiche Monarchinn prüft, erhöht und erweitert; indeß macht schon die Aehnlichkeit im Kleinen eine angenehme Empfindung, und es schmeichelt den Menschen, der seine Gattung liebt, in barbarischen Inseln große Talente zu finden,

wenn

wenn sie auch die Macht nicht haben, sich auszubilden. — (¹)

Zu

(1) Ainsi la nature fait naître, où, & quand il lui plaît, de ces génies rares qu'elle place hors de la sphere, qui entraîne dans son tourbillon le commun des hommes. Un Prince dans le nord de l'Europe, un autre Prince, dans une des Isles Philippines, conçoivent tous deux le projet de changer leur Nation; tous deux sont grands dans leurs idées; tous deux sont ambitieux, & tous deux sont traversés par des voisins jaloux de la grandeur qu'ils ont atteinte, & de celle où ils menacent de parvenir. C'est ce dont le Lecteur est informé par rapport au Prince Européen, & que la suite de mon récit lui fera connoître relative-

Zu dieser Gattung von Betrachtungen, die für die psychologische Kenntniß und Politik nützlich sind, gehört die pragmatische Geschichte der kleinen Insel Luson, die Sonnerat mit der sorgfältigen Untersuchung des Pflanzen- und Thierreiches verbindet, besonders die Stelle, die mir den ersten Stoff zu meiner Erzählung gab. (¹)

Man zählt allein in Manille ohngefähr zwölftausend Christen. — Das ganze Land

tivement au Prince Indien. &c. pag. 138.

(1) Continuation du Voyage dans l'intérieur des Terres; Description de quelques fruits inconnus, qui se trouvent à l' Jsle de Luçon. Chap. VII. p. 93.

Land überhaupt war vormals unendlich mehr bevölkert, da es die Chineser zahlreich besuchten. Viele hatten sich da niedergelassen, andre trieben bloß daselbst ihre Handlung. — Aber St. Auda, der General-Gouverneur der Insel, verbannte sie aus einer falschen Politik. — Die Handlung, die Künste, die sie in Flor brachten, verlohren sich, und fielen, ohne sich wieder erheben zu können. Das allgemeine Elend, und die Entvölkerung, war die traurige und nothwendige Folge einer üblen Verwaltung. Wenn die Insel Luson ihre Kräfte und Reichthümer verlohren hat, so ist es bloß die Schuld der Menschen, die die Natur daselbst in ihrem

Keim

Keim und in ihrer Blüthe ersticken. — (1)

---

(1) On compte à Manille seule environ douze mille Chrétiens. Tout le pays en général étoit autrefois beaucoup plus peuplé, lorsqu'il étoit fréquenté par les Chinois; plusieurs s'y étoient établis, d'autres y faisoient le commerce. Mais M. Auda, Gouverneur général, les bannit, par l'effet d'une mauvaise politique, & les chassa absolument de toute l'Isle. Le commerce & les arts, qu'ils faisoient fleurir, déchurent, tomberent, & ne se sont pas relevés depuis. La misere & la dépopulation ont été les suites funestes & nécessaires de cette mauvaise administration. Si l'Isle de Luçon est sans force & sans richesses, il n'en faut accuser que les hommes qui y ont étouffé la nature. p. 98.

Virgil

Virgil und Merkur. (¹)

Der trübe Schatten, Freund, den Charon überfuhr,

Wer ist er? — „Ein Poet, ein Deutscher" — O Natur! —

Welch Wunder! Dieses Volk, an Muth und rauhen Sitten

Gleich den gemahlten Britten,

Macht einen Anspruch auf Genie?

Und

---

(1) Daß Virgil, eifersüchtig auf den Ruhm, den er durch sein Gedicht vom Ackerbau erworben, und aus bescheidner Furcht, mit dem Homer verglichen zu werden, die Aeneis wirklich verbrennen wollen, und noch kurz vor seinem Tode befohlen habe, sie den Flammen zu übergeben; ist eine Erzählung, die Plinius, Gellius, Macrobius der Nachwelt aufbehalten haben. S. Virgils Leben, in Herrn Heynens Ausgabe vom Virgil T. I. p. 165.

Und bringt ins Heiligthum der hohen
Poesie?
Wir nannten sie ja nur Barbaren. —
„Nur nicht zu stolz, Poet, dein ängst-
liches Genie
„Gebahr mit Schmerz nach dreyßig Jah-
ren
„Die Aeneid allein — und du bestimm-
test sie
„Den Flammen des Vulkan. — Wirst
du es glauben können?
„Ich will dir dreyßig Deutsche nennen,
„Von denen jüngst, in einem Jahr,
„Ein jeder ohne Schmerz ein Heldenlied
gebar;
„Und keiner kommt in die Gefahr, —
„Das heiß ich doch Genie — das seine
zu verbrennen.

Der junge Philosoph. (¹)

Ein Grieche, der fünf und ein halbes
Jahr —
Der Deutsche braucht kaum drey — den
weisen Zeno (²) hörte,
Und

(1) Siehe den Aelian in var. hist. l. IX. cap. 33.

(2) Zeno, ein Schüler des Cynikers Crates, und Stifter der stoischen Sekte, dessen System Cicero, Seneka, Plutarch, Aelian und Lipsius erläutern. Trotz des falschen Pathos der stoischen Schule, und der grotesken Uebertreibung idealischer Tugenden, über die Lucian und Horaz so fein spotten, und Malebranche so richtig und frey urtheilt, bleibt diese Sekte, wegen der großen Genies der zwo erleuchtetsten Nationen, die ihre Grundsätze auf die Politik und Staatsberedsamkeit

Und seines Lehrers Liebling war,
Weil er die Theorie nicht durch sein Herz
 entehrte,
Gieng, als ein guter Kopf von ganz Athen
 erkannt,
Nach Delos in sein Vaterland.
Sein Vater war ein Mann voll Einsicht
 und Verstand,
Wenn man ihn nicht bey Chios Flaschen
 fand;
Allein, so oft er trank, Tyrann in seinem
 Hause.
Einst kam, mit wildem Blick,
Der Alte taumelnd von dem Schmause
Zu seinem weisern Sohn zurück,

Der

samkeit angewandt haben, in der Geschichte des menschlichen Geistes merk-
würdig.

Der einsam bey der Lampe wachte,
Und einen Satz des Weisen überdachte.
Thor, rief der Greis im Zorn, wie soll ich das verstehn?
Hast du noch nicht dein Werk vollendet?
Was hilft das viele Geld, das ich für dich verschwendet?
Laß uns einmal die Frucht des langen Fleißes sehn.
Mit minder Stolz war ich in deinen Jahren
Bemerkt, als Philosoph, als Held im Krieg erfahren,
Und rettete mein Vaterland,
Dreymal die Waffen in der Hand,
Beym Einfall wüthender Barbaren.

Du lachſt, Unglücklicher? Dieß Lachen
trag' ich nicht,
Du ſtolzer Narr! — Er ſprachs, und
ſchlug ihn ins Geſicht —
Der Jüngling ſchwieg beſchämt. —
Antworte, Böſewicht!
Soll ich dich noch zu Boden ſchlagen?
Was lehrt dein Philoſoph dich in ſo
langer Zeit?
„Mit Großmuth und Gelaſſenheit,
„Auch eines Vaters Grauſamkeit
„Und unverdienten Zorn zu tragen."

Die drey Söhne.

Dorant, mein ältster Sohn, der in sich
   selbst entzückt,
Mit sanften lieblichen Gebehrden,
Bey jedem Sprung in seinen Spiegel
   blickt,
Und schönen Mädchen gern die weichen
   Hände drückt —
Tanzmeister soll er werden.
Der zweyte, der so oft im Denken sich
   vergißt,
Den Tisch des Tags zehnmal mit kleinen
   Ketten mißt;
Gähnt, wenn er in Romanen liest;
Entscheidend in dem kleinsten Zwist
Das Wort vor seinen Brüdern führet;
Vom Kopf bis auf den Fuß sich selber
   definiret;

Sey einst ein Philosoph, wie ers im
Kleinen ist,
Mein dritter Sohn erzählt sehr artig
Träume;
Spricht, ohne drauf zu denken, Rei-
me;
Sieht in des Nächsten Fehler hell;
Zerfließt in eifersüchtgen Thränen
Bey Werken, wo die trägen Köpfe
gähnen;
Lacht gern, und urtheilt scharf und
schnell;
Er soll bey der Kritik und bey der Dicht-
kunst bleiben,
Die Thoren züchtigen, und für die Wei-
sen schreiben.
So sprach Neran, und starb. — Ein
stolzer Eigensinn

Giebt

Giebt es dem Vormund ein, die Rollen
zu vertauschen.
Dorant wird Philosoph, hüpft durchs
System dahin,
Wie Zephyrs auf den Aehren rauschen;
Schwärmt auf der Oberfläche nur,
Und bringt nie in den Grund der Wahr-
heit und Natur.
Es mocht ihn noch so sehr verdrießen,
Der zweyte mußte sich zu Novers Kunst
entschließen.
Indeß er demonstrirt,
Die halben Achten und die Ganzen
Zurück auf einen Grundsatz führt;
Das Seitenpas vom Vorpas distinguirt,
Und von des Leibes Bau gelehrt philo=
sophirt;
Lernt keine Seele von ihm tanzen.

P 4 Der

Der dritte trotzt auf seines Vaters Wahl,

Verbindet den Geschmack mit lachender Moral,

Und nährt sich mit dem Geist der Weisen und der Dichter,

Die Welt bewundert ihn in der Kritik, als Richter,

Und als Poet wird er Original.

Lernt, eh ihr sie bestimmt, der Kinder Neigung prüfen,

Und forscht in der Talente Tiefen.

Wer dieß versäumt, verliert, so viel er sich verspricht,

Erziehung, Fleiß und Unterricht.

Der gefallene Sejan.

— Sejanus ducitur unco
Spectandus; gaudent omnes. Quae labra? quis illi
Vultus erat? nunquam (si quid mihi credis) amaui
Hunc hominem. —

Noch zittert Rom vor dem Sejan,
Noch beten Colonien und Provinzen
Den stolzen Liebling ihres Prinzen
Mit knechtischer Vergöttrung an.
In Erzt und Marmorsäulen
Steigt sein verewigt Bild empor,
Der Schmeichler lispelt ihm Bewunde-
 rung ins Ohr,
Und Dichter drängen sich aus ihrer Nacht
 hervor,
Unsterblichkeit ihm gütig zu ertheilen.

Der Bannstrahl des Tiber, ein Brief an
den Senat,
Empört im Augenblick den aufgebrachten
Staat.
Wild, wie im bürgerlichen Kriege,
Stürzt sich der Pöbel athemlos
In den Pallast, zermalmt die eherne Qua-
brige,
Und das unschuldge Bronzo Roß (¹),
Indeß

(1) Immeritis franguntur crura caballis —
Diesen Vers bestimmte einer meiner
Freunde zur Aufschrift über die Ruinen der Quadrige von vergoldetem
Erzte, die durch die Unwissenheit der
Werkmeister im Herkulan zertrümmert
wurde. Siehe Winkelmanns Sendschrei-
ben von den herkulanischen Entdeckungen 1760. p. 25. Man setzte dennoch aus
diesen zerbrochenen Stücken ein einziges
und schönes Pferd, vermöge einiger
neuen

Indeß der zweyte Kopf der Welt in Feur
zerfloß (¹).

„Setzt Lorbern aus, und opfert unsern
Göttern,
„Die des Verräthers Haupt zerschmettern.
„Eilt, rief das Volk, aufs Capitol hinauf,
„Da

neuen Güße, zusammen, und stellte es
mit einer neuen Aufschrift von Mazocchi
auf — Ex Quadriga aenea --- ego
unus resto.

(1) Ardet adoratum populo caput, et
crepat ingens
Sejanus, deinde ex facie in tota orbe
secunda
Fiunt urceoli, pelues, sartago, pa-
tellae.

Welcher bittre Kontrast, und welche
schwarze Laune? Diese Stelle allein
könnte den Charakter des Juvenals
errathen lassen. Die Geschichte selbst
liest man am genauesten beym Sueton und Dio.

„Da schleppen sie den Bösewicht herauf.
„Wem ist nicht dieser Blick zuwider?
„Welch eine Lippe? Jeder Zug
„Verräth Stolz oder Trug;
„Die Physionomie trügt selten, glaubt
mirs, Bruder.
„So ein abscheuliches Gesicht
„Sah ich in meinem Leben nicht,
„Und seh es auch gewiß nicht wieder."
War denn der Liebling des Tiber
So häßlich, als der Pöbel glaubte?
Nein, des Tyrannen Wink, ein Brief, ein
Ohngefähr,
Das ihm Glück, Rang und Leben raubte,
Entflammte wider ihn den Pöbel und das
Heer —
Hätt ihn ein Gott dem Grimm Tibers ent-
rissen,
So läg, trotz seiner Physionomie,
Und diese, sagt man, trügt doch nie,
Ganz Rom zu seinen Füssen.

———

Marcell

Marcell vor Syrakus.

Marcellus, vt, moenia ingressus, ex superioribus locis vrbem, omnium ferme illa tempestate pulcherrimam, subiectam oculis vidit, inlacrimasse dicitur, partim gaudio tantae perpetratae rei, partim vetusta gloria vrbis. Atheniensium classes demersae, et duo ingentes exercitus cum duobus clarissimis ducibus deleti, obcurrebant, et tot bella cum Karthaginiensibus tanto cum discrimine gesta; tot tam opulenti tyranni regesque; praeter ceteros Hiero, quum recentissimae memoriae rex, tum ante omnia, quae virtus ei fortunaque sua dederat, beneficiis in populum Romanum insignis.

Liuius XXV. cap. 24.

Umsonst belagerte, vom Land und auf
dem Meere,

Marcellus mit dem Sieg gewohnten Heere

Die Stadt des Hiers. In edlen Zorn
gebracht,
Vereint der Held zuletzt die Kriegslist mit
der Macht;
Ersteigt in stiller Mitternacht
Das trunkne Syrakus, und tödtet seine
Wacht.
Kaum schwebt auf ihrem goldnen Flügel
Die Morgenröthe sanft herab;
So blickt von einem nahen Hügel
Auf Syrakus der Held hinab.
Erstaunt sieht er die königliche Veste,
Ein zweytes Rom, die goldne Pracht
Der stolzen, ewigen Palläste,
Und den Verfall der Hoheit und der Macht.
Bald schlägt sein Herz vor stolzen Freuden,
Und seine Heldenwange glüht,
Daß er in sich den Ueberwinder sieht:

Bald

Bald fängt er an als Mensch mit Syra-
kus zu leiden.
„Ein Wink von mir soll dein Geschick
entscheiden,
„Glorreiche Nation?
„Ich soll mein Heer zum zweyten Stur-
me rüsten,
„Palläst und Tempel zu verwüsten?"
Er spricht's, denkt nach, und weint.
Ha! sprach zu einem alten Krieger
Ein feuriger Tribun: Der General ist Feinds,
Ein Römer, und ein Sieger,
Ein Schutzgott unsers Staats, und weint?
O Jüngling, rief der Alte: Diese Zähre,
Die aus des Consuls Augen fließt,
Bringt dem Eroberer von Syrakus mehr
Ehre,
Als die mit Muth gewagte List.

Den

Den Ruhm des Siegs theilt er mit unserm Heere;
Den Ruhm von dieser edlen Zähre,
O Jüngling, ärndtet er allein,
Und bloß durch sie wird er unsterblich seyn.

Ende des ersten Theils.

www.ingramcontent.com/pod-product-compliance
Lightning Source LLC
Chambersburg PA
CBHW031338230426

43670CB00006B/368